«La idea de que rendiremos las coronas y gritaremos santo, santo, santo por el resto de la eternidad produce un sentimiento de temor y aburrimiento en muchas personas que conozco. ¿Es esto todo lo que haremos en el cielo? Randy Frazee nos proporciona un conocimiento más detallado de la aventura que Dios ha preparado para nosotros para toda la eternidad.»

—Todd Smith,
cantante principal de Selah, el grupo ganador
de discos Platinium y multiples Premios Dove

«Todos nos planteamos preguntas a la hora de considerar la transición más confusa y peligrosa de nuestras vidas. Sus respuestas son maravillosamente refrescantes, honestas y con fundamento bíblico».

—Kenton Beshore,
pastor principal, Iglesia Marines, California

Elogios para *Lo que pasa cuando mueres*

«*Lo que pasa cuando mueres* trata con lo que es fundamentalmente la pregunta existencial más importante. Este libro es brillante, cálido, personal, transparente y honra a Dios. Randy Frazee escribe como si fuera un amigo del lector, y nos lleva a un viaje de descubrimiento. Te animo a que lo camines con él».

—RANDY ALCORN,
AUTOR DE LOS SUPERVENTAS DEL *NEW YORK TIMES*
EL CIELO Y *ALEGRÍA*

«Práctico. Alentador. Fácil de leer. Informativo. Con estas palabras describo el libro que tenemos delante. Mi gran amigo y colaborador Randy Frazee ha logrado clarificar un tema abrumador. El mensaje de Randy es sencillo, sin ser simplista. Instruye sin ser condescendiente. Contesta a preguntas difíciles sin evadir los problemas. Este es un libro para todos aquellos que quieren saber más sobre la siguiente versión de la vida. Un trabajo excelente, Randy».

—MAX LUCADO,
PASTOR Y AUTOR *BEST SELLER* DEL *NEW YORK TIMES*

«¡Este es un libro sorprendente! Ofrece mucho más para pensar. Nunca he escuchado una mejor explicación acerca de la transición de esta vida al cielo. Tienes que leer este libro».

—GEORGE STRAIT,
CANTANTE Y COMPOSITOR DE MÚSICA COUNTRY

«La primera vez que escuché la historia que impulsa el contenido de este libro, me puse a llorar a lágrima viva. Mi buen amigo Randy Frazee comparte una pasión mútua por lo que viene después de esta vida debido a una pérdida entrañable, y me alegra que comparta las verdades profundas sobre la esperanza real que él ha aprendido en su peregrinaje con nosotros a través de este impresionante libro».

—STEVEN CURTIS CHAPMAN,
CANTANTE Y COMPOSITOR GANADOR
DE VARIOS PREMIOS GRAMMY

«Una obra honesta, desafiante y enfocada que conecta las enseñanzas de Jesús con los grandes misterios de la vida. Hay ciertas preguntas que se plantéan vez tra vez y que solo Dios, que opera fuera del tiempo, puede responder».

—Dr. Ed Newton,
pastor principal, Iglesia Community
Bible, San Antonio, Texas

«Todos nos enfrentamos con la idea de cómo será después de la vida y el más allá. Y aunque nunca alcanzaremos a comprender sus maravillas hasta que nos hallemos allí, Randy crea un maravilloso retrato a partir de las Escrituras. Conozco a Randy desde hace tiempo y su intención es expresar ánimo al cuerpo de creyentes. Por lo tanto, ¡Anímate!».

—Jeremy Camp,
cantante, compositor y ganador de cinco
Premios Dove

«Esta obra trata de manera estudiada, iluminadora, compuesta magníficamente, y apasionada el fin de los tiempos. Un soneto de un libro que resuena a través de las generaciones. Dedícale una tarde a su lectura, y lo disfrutarás toda la vida».

—Dr. Leonard Sweet, profesor y autor superventas,
Absecon, New Jersey

«Este libro es una guía bíblica, muy práctica, que me sentiré cómodo regalando a mis conocidos, creyentes o no. Está repleto de pasajes de las Escrituras, y impacienta la idea de compartirlo con mis hijos y enseñarles a cerca de las profundas verdades del cielo. Randy es ciertamente un hombre de Dios, y me enorgullece poder considerarlo un amigo».

—Francesca Battistelli,
artista ganadora de un Premio Grammy

«Normalmente antes de endosar un libro, lo miro por encima. Esto resultó imposible con *Lo que pasa cuando mueres*. Es imposible no devorar cada palabra y s¡pasaje de las Escxrituras que aparecen en este libro. Prepáratre pare sewr instruido, animado y desafiado por la Palabra de Dios y el corazón de Randy».

—Dave Stone,
pastor principal, Iglesia Southeast
Christian, Louisville, Kentucky

RANDY FRAZEE

LO QUE *pasa* CUANDO MUERES

UNA GUÍA BÍBLICA
AL PARAÍSO, EL INFIERNO *y*
LA VIDA DESPUÉS DE LA MUERTE

GRUPO NELSON
Desde 1798

Para otros materiales, visítenos a:
gruponelson.com

© 2017 por Grupo Nelson®

Publicado en Nashville, Tennessee, Estados Unidos de América.
Grupo Nelson es una subsidiaria que pertenece completamente a Thomas Nelson.
Grupo Nelson es una marca registrada de Thomas Nelson.
www.gruponelson.com

Título en inglés: *What Happens After You Die*
© 2017 by Randy Frazee
Publicado por Nelson Books, una subsidiaria de Thomas Nelson. Nelson Books y Thomas Nelson son marcas registradas de HarperCollins Christian Publishing.

Todos los derechos reservados. Ninguna porción de este libro podrá ser reproducida, almacenada en algún sistema de recuperación, o transmitida en cualquier forma o por cualquier medio —mecánicos, fotocopias, grabación u otro—, excepto por citas breves en revistas impresas, sin la autorización previa por escrito de la editorial.

A menos que se indique lo contrario, todas las citas bíblicas han sido tomadas de la Santa Biblia, Nueva Versión Internacional® NVI®. Copyright © 1999, 2015 por Biblica, Inc.® Texto usado con permiso de Biblica, Inc.® Reservados todos los derechos en todo el mundo.

Citas bíblicas marcadas «RVR1960» son de la Santa Biblia, Versión Reina-Valera 1960 © 1960 por Sociedades Bíblicas en América Latina, © renovado 1988 por Sociedades Bíblicas Unidas. Usada con permiso. Reina-Valera 1960® es una marca registrada de la American Bible Society y puede ser usada solamente bajo licencia.

Citas bíblicas marcadas «DHH» son de la Biblia Dios Habla Hoy, 3ª Edición®, © Sociedades Bíblicas Unidas, 1966, 1970, 1979, 1983, 1996. Usada con permiso.

Editora general: *Graciela Lelli*
Traducción: *Andrés Carrodeguas*
Adaptación del diseño al español: *Mauricio Diaz*

ISBN: 978-0-7180-8624-4

Impreso en Estados Unidos de América
17 18 19 20 21 DCI 5 4 3 2 1

*A Don, Teresa y Jo Ann, mi maravilloso hermano mayor y mis
dos hermosas hermanas.*

Otros libros de Randy Frazee

La historia para principiantes, (coautor con Max Lucado)
La historia: Llegando al corazón de la historia de Dios (Guía de estudio; contribución de Kevin y Sherry Harney)
Creer — Historias de la Biblia: Pensar, actuar y ser como Jesús (coautor con Laurie Lazzaro Knowlton)
Creer: La esperanza de la Pascua
Creer: Viviendo la historia para ser como Jesús
Pensar, actuar, ser como Jesús (coautor con Robert Noland)
Santa Biblia La Historia
El corazón de la historia
Haga un espacio para la vida

Contenido

Introducción: ¿Qué sucede después?   11

Capítulo 1: ¿Es suficiente con Jesús?   21

La vida en el intermedio

Capítulo 2: ¿Qué me sucederá si muero sin Cristo?   39

Capítulo 3: ¿Qué me sucederá si muero con Cristo?   51

Preguntas y respuestas sobre la vida en el intermedio   67

   ¿Existen los fantasmas?   68

   Nuestros seres amados que están en el cielo, ¿velan sobre nosotros?   71

   ¿Existe el purgatorio o el limbo?   72

   ¿Existen diferentes niveles en el infierno?   74

   ¿Podemos ganarnos unas alas?   77

La vida eterna

Capítulo 4: ¿Qué sucederá si aún no he conocido a Cristo cuando vuelva?   81

Capítulo 5: ¿Qué sucederá si ya conozco a Cristo cuando vuelva?   93

Preguntas y respuestas sobre la vida eterna   111

   ¿Se van a dar recompensas?   111

   ¿Habrá animales domésticos o mascotas en el cielo?   114

¿Conservaremos nuestros recuerdos y las cosas de las que nos lamentamos en la vida presente? 117
¿Habrá matrimonios y familias en el reino nuevo de Dios? 118
¿Cómo será nuestro cuerpo resucitado? 121
¿Qué comeremos? 124
¿Cómo será un día en la vida de la tierra nueva? 127

La vida presente
Capítulo 6: Hasta entonces 133
Preguntas y respuestas sobre la vida presente 151
¿Tenemos ángeles guardianes? 151
¿Es correcto que nuestro cuerpo sea incinerado? 155
¿Qué pasa con las personas que hacen predicciones acerca del regreso de Cristo? 157
¿Qué ocurre con las experiencias de vida después de la muerte y las cercanas a la muerte? 160

Unas palabras del autor 165

Preguntas para contestar en los grupos pequeños 167

Reconocimientos 175

Textos bíblicos 179

Notas 213

Acerca del autor 217

Introducción

¿Qué sucede después?

Corría el mes de diciembre de 1999. El mundo estaba consternado por el año 2000, el anunciado desplome mundial que sufriría la Internet. Yo, en cambio, estaba firmemente atascado en el siglo XX, preocupado por mi madre que vivía en Cleveland, Ohio. Durante varios meses, se había quejado porque no se sentía bien. Cada vez que hablábamos, empeoraban las circunstancias. Mi familia, que entonces vivía en Fort Worth, Texas, ya había reservado vuelos para pasar las fiestas navideñas en Cleveland con nuestros familiares, pero a causa del estado físico de mi madre, yo decidí llegar allí tres días antes para estar con ella y ver si la podía ayudar a sentirse mejor.

Los médicos ya le habían hecho reconocimientos en busca de un cáncer de colon o de hígado, y los resultados habían sido negativos, de manera que no podían definir cuál era el problema. Moviendo todas las influencias que conocía, le pude conseguir una cita médica en muy poco tiempo en la famosa Clínica Cleveland. Cuando llegué a nuestra cabaña de Mentor-on-the-Lake y entré a la sala, mi madre estaba sobre el diván. Yo traté de no mostrarme sorprendido ante lo demacrada y enferma que se veía pero, por supuesto, ella lo notó. Era casi imposible esconderle algo a mi madre. Así que la tranquilicé

Introducción

diciendo que había llegado allí para ayudarle a recobrar la salud y todos nos fuimos a la cama esa noche.

Mi padre durmió en su dormitorio, mientras que mamá y mi hermana menor durmieron en la sala de estar. Yo dormí en un cuarto contiguo a la sala. Aquella noche pasé muchas horas despierto, escuchando los dolorosos quejidos y los vómitos de mi madre. Era verdaderamente insoportable escuchar aquellos gemidos y no poder hacer nada. Entonces pensé que al día siguiente todo sería distinto.

Me sentí más esperanzado al abrirse paso por la mañana el primer rayo de sol a través de la ventana de mi dormitorio. Debíamos viajar casi una hora hasta el hospital, por lo que hicimos planes para usar la furgoneta Econoline de mis padres, que habían comprado para recorrer el país. Cuando llegó la hora de marcharnos, mi madre dijo que estaba demasiado adolorida para subir a la furgoneta, así que me la subí a la espalda, tal como ella había hecho conmigo muchas veces cuando yo era niño, y la llevé al vehículo. A cada paso que yo daba, mi madre gemía por el dolor. En aquel momento me fue arrancada de mi vida una capa de inocencia.

Mi padre condujo la furgoneta mientras mi madre permanecía acostada en el asiento trasero. Yo me senté en el borde del asiento para hablar con ella y atenderla. Al cabo de unos diez minutos de recorrido, mi madre me llevó con la memoria a otro viaje en otro camino.

Era el año 1977. Había llegado a casa por la tarde, procedente de la escuela secundaria y me había tirado en el diván para ver un episodio de la novela *One Life to Live*. (Antes de que salga la crítica de tus labios mileniales, ten presente que no había Internet, y las estaciones de televisión eran muy pocas entonces, así que la programación era bastante limitada). En eso, entró mi madre a la casa. Me dijo que había estado visitando al pastor de jóvenes de la iglesia a la que yo asistía. Mis padres no iban a la iglesia, pero yo había comenzado a asistir a una iglesia bautista tres años antes.

Ellos estaban pasando por problemas en su matrimonio, por lo que mi madre había ido en busca de consejería. Mi pastor no arregló su matrimonio,

Introducción

pero le habló a mi madre de Jesús. Ella me contó cómo la había guiado a hacer la oración del pecador. Yo sabía exactamente a qué oración se estaba refiriendo. Él mismo me había guiado en esa oración tres años antes, mientras yo estaba arrodillado con él junto a una silla plegable en la sala de jóvenes de la iglesia.

Ahora, sentados en la furgoneta de camino al hospital, mamá me preguntó si recordaba aquel día. «Claro, mamá. Aquel momento fue algo grandioso para mí», le respondí.

Entonces me hizo una pregunta que para mí fue inesperada.

—Hijo —me dijo—, ¿con eso basta?

En otras palabras, aquella oración de fe, hecha hacía tanto tiempo, ¿bastaría para asegurar que ella fuera a la presencia de Dios cuando falleciera?

Yo le respondí de inmediato, poniendo en mi respuesta tanta seguridad como pude:

—Claro, mamá, con eso basta.

Ella estaba poniendo en orden su vida espiritual. En cambio yo no estaba listo para esa conversación.

Cuando llegamos al hospital, entré para informar al personal que mi madre necesitaba una camilla para llegar al cuarto al que había sido asignada. Una vez que mi madre fue admitida, me senté en la sala de espera con la ligera esperanza de que aquellos famosos médicos pudieran volver a poner a mi madre de nuevo sobre sus pies.

No habrían pasado ni treinta minutos cuando la oncóloga dijo que quería hablar conmigo. Con una voz muy delicada, me informó que mi madre tenía un cáncer pancreático en un estado muy avanzado y que la iban a pasar a cuidados *paliativos*. Era la primera vez que yo escuchaba la palabra «paliativos». La unidad de cuidados paliativos resultó ser un lugar donde los médicos aliviaban el sufrimiento del paciente, aunque sin curar la enfermedad. Enseguida se manifestó el lado colérico de mi temperamento.

—No comprendo. Yo vine aquí para que sus famosos médicos sanaran a mi madre.

Introducción

Con una delicada respuesta que no me merecía, la doctora me contestó:

—Sé que es muy duro. Yo perdí a mi madre por un cáncer de colon. Ha llegado la hora de que usted pase de la idea de ayudar a su madre a ponerse mejor a la de ayudarla a morir.

Un verdadero tsunami de dolor asaltó mi alma.

La doctora me dijo que tal vez tuviera una semana de vida a lo sumo o quizá unos pocos días. Después de llamar a mi esposa, a mi hermana que vive en Minnesota y a mi hermano que vive en Pennsylvania, me dirigí a la capilla para hablar con Dios.

Por fortuna, la capilla estaba vacía. Sin pensarlo mucho, hice exactamente lo mismo que hizo David cuando el profeta Natán le dijo que su hijo iba a morir: me postré en el suelo y comencé a gemir, a suplicarle a Dios (2 Samuel 12.15-17). Mi madre solo tenía sesenta y dos años. Yo no esperaba que aquel suceso ocurriera tan pronto. Había sido cristiano durante veinticinco años, pero podía sentir que los fundamentos mismos de mi fe se estaban comenzando a tambalear.

Mi primer instinto fue orar para pedir una sanidad milagrosa. Negocié atrevidamente con Dios, de manera parecida a como lo había hecho Abraham cuando intentó persuadir a Dios para que cambiara su intención de destruir Sodoma y Gomorra. «Dios mío, ¿salvarías a mi madre si yo te prometiera que...?». Una vez firmemente sometida aquella petición, volví la atención a la pregunta que me formulara antes mi madre. «Señor, yo le dije a mi madre que le bastaba con una sencilla oración de fe para recibir a Cristo, pero si hace falta algo más, entonces necesito saberlo ahora, mientras aún hay tiempo».

Siempre han habido esos pasajes en la Biblia, incluso en las enseñanzas de Jesús, que me hacían recapacitar en el mensaje de la *sola fide* o «solo por la fe». Estaba listo en aquel momento para que Dios me revelara la verdad absoluta, a fin de que se la pudiera hacer llegar a mi madre antes de que fuera demasiado tarde.

Tres días más tarde, mi mamá falleció.

Al principio sentí el alivio de saber que ya no estaba adolorida y sufriendo. El cáncer del páncreas le va succionando literalmente la vida a la persona con

Introducción

cada respiración. Mi madre sabía que iba a morir y tenía miedo. Se lo veía en el rostro. Quería ser fuerte, pero estaba asustada. Hasta la fecha, esta es una de las cosas más difíciles que me han tocado presenciar. Como consecuencia, algo dentro de mí cambió, en el lugar donde residía el centro mismo de mi sistema de creencias.

Mientras más lo pensaba, más me costaba creer que en el momento del último suspiro de mi madre, su espíritu hubiera salido del cuerpo para ir a estar en algún lugar; mucho menos para estar con el Señor. Sencillamente, carecía del modelo mental para ese concepto y, sin embargo, los cristianos basamos toda nuestra esperanza en esa realidad. Yo sabía que algunos dicen que sí pero, personalmente, nunca tuve un encuentro con un ser espiritual. ¿Existirán realmente esos seres?

Mi mente seguía divagando sin que yo se lo autorizara. Aunque la vida después de la muerte fuera cierta, y también que el espíritu de la persona salía del cuerpo, la idea de que un espíritu desnudo entrara a los cielos a flotar para siempre en las nubes y entonar continuamente unos cantos de alabanza —tal vez usando las alas que se había ganado, como Clarence en la película *¡Qué bello es vivir!*—, en verdad no me parecía muy atractiva. Por supuesto, era mejor que la alternativa que presentan las Escrituras pero, con todo, no era algo que me entusiasmara.

—No creo en el cielo —susurré.

No puedo creer que lo dijera en voz alta, pero lo hice. Aunque temí que me cayera encima un rayo, también me sentí liberado. En ese momento, cuando confesé que en realidad no creía lo que siempre me habían enseñado acerca del cielo, fue cuando me sentí liberado para buscar la verdad. Desde entonces he descubierto que mientras no confesemos genuinamente nuestra incredulidad, nunca buscaremos algo digno de ser creído.

> MIENTRAS NO CONFESEMOS GENUINAMENTE NUESTRA INCREDULIDAD, NUNCA BUSCAREMOS ALGO DIGNO DE SER CREÍDO.

Introducción

Al comenzar el siglo, la Internet no se desplomó, pero yo sí. Así que me dediqué a descubrir la verdad acerca del más allá. Sin ningún principio dogmático denominacional, ni sermón alguno que preparar, comencé a tratar de entreabrir la Biblia para hallar lo que realmente había en ella. Aunque lo que descubriera no fuera consolador, o no fuese lo que yo esperaba, al menos sería lo cierto. Jesús expresó: «Conocerán la verdad, y la verdad los hará libres» (Juan 8.32). Eso sí lo creía.

No pasó mucho tiempo antes de que descubriera que no era el único. Muchos teólogos de rico ideario han estado sosteniendo en sus libros de texto y en sus conferencias que necesitamos claridad en cuanto a lo que pasa más allá de esta vida. El doctor Roger Olson, profesor de teología y escritor, presenta estas emotivas palabras:

> Los teólogos y los líderes de todas las tradiciones cristianas deben centrar su atención en ayudar a los laicos no instruidos a captar las creencias cristianas esenciales acerca de la vida más allá de la muerte, y separarlas del confuso conjunto de creencias populares que tienden a adquirir en las películas, los programas televisivos, la literatura popular y las canciones. Es necesario que los ministros cristianos de todas las denominaciones proclamen la bienaventurada esperanza de la resurrección futura en los funerales y eviten rigurosamente consentir lo que quieren escuchar los familiares del difunto.[1]

Lo que encontré, que ahora creo al cien por ciento en mi mente y al ochenta y cinco por ciento en mi corazón (aún soy una obra en construcción), forma el contenido de este libro. Es un enfoque sin adornos y lleno de sensatez. Eso es lo que trato de presentar aquí.

Estas son las cinco preguntas que voy a tratar de responder:

- *¿Es suficiente con Jesús?*

    Esta es la pregunta que me hizo mi madre en la parte posterior de

INTRODUCCIÓN

la furgoneta, poco antes de su fallecimiento. Es una pregunta estupenda, mamá. A ella le ofrecieron a Cristo y lo aceptó. ¿Le bastaría realmente con solo aceptar aquel ofrecimiento? ¿De veras? En este capítulo reuniremos los textos de las Escrituras, alineados unos con otros, y no vamos a temer que las Escrituras hablen por sí mismas mientras nosotros buscamos la verdad del evangelio.

- *¿Qué me sucederá si muero sin Cristo?*

    ¿Cuál es el destino de aquellos que mueren sin haber aceptado nunca a Cristo o las enseñanzas de la Biblia en cuanto a lo que se requiere para tener una vida eterna con Dios? ¿Dónde van, si es que van a alguna parte? ¿Es un lugar de sufrimientos? ¿Es permanente? Te lo advierto ahora: no va a resultar divertido leer este capítulo, pero voy a tratar de mantenerlo breve y sin divagaciones. Jesús mismo nos va a decir que necesitamos escuchar esta verdad ahora, no más tarde.

- *¿Qué me sucederá si muero con Cristo?*

    ¿Qué les pasará a los que aceptaron verdaderamente el mensaje del evangelio y cumplieron en esta vida con los requisitos necesarios para tener una relación eterna con Dios? ¿Dónde van después de la muerte, si es que van a algún lugar? ¿Cómo van a ser las cosas? ¿Es algo permanente? Muchos van a hallar un gran consuelo en lo que leerán, aunque es posible que difiera del modelo mental que tienen en estos momentos. En definitiva, les sugiero que no dejen de leer después de este capítulo. Lo mejor aún está por llegar.

- *¿Qué sucede si no conozco a Cristo cuando vuelva?*

    Es probable que este capítulo sea el más triste de todos los que he escrito jamás, pero es una verdad procedente de las Escrituras, y sirve un propósito muy importante en este momento. Es de lectura obligatoria para todos los seguidores de Jesús y debería causar un profundo impacto en la manera en que vas a vivir el resto de los días que te quedan sobre esta tierra. Mientras estudiaba, descubrí al menos dos finales posibles para estas personas, que encajan bien dentro del ámbito del cristianismo histórico. Te presentaré los dos y dejaré que tú decidas. Ninguno de ellos es una gran opción, pero veo con claridad que uno es más consolador que el otro.

- *¿Qué sucede si conozco a Cristo cuando vuelva?*

Sin duda alguna, este capítulo está formado por las palabras que más prefiero entre todo lo que he escrito en mi vida. Aquí yacen a plenitud la promesa y la herencia que tenemos en Cristo. Las verdades que hay en este capítulo convirtieron mi pesadumbre en júbilo. Mis dudas en afirmaciones, mis decepciones en una determinación nueva, mi dolor en esperanza. Esto es lo que nos perdemos la mayoría de nosotros cuando hablamos acerca de lo que hay más allá de esta vida, o está muy por encima de nuestra mente, o tal vez no se dice nunca. O bien, esta es la verdad que nunca antes hemos escuchado.

El apóstol Pablo escribió estas palabras maravillosas:

Como está escrito: «Ningún ojo ha visto, ningún oído ha escuchado, ninguna mente humana ha concebido lo que Dios ha preparado para quienes lo aman». Ahora bien, Dios nos ha revelado esto por medio de su Espíritu.

—1 Corintios 2.9-10

¿Qué sucederá? Dios nos lo ha revelado por medio de su Palabra y por medio de su Espíritu.

Hasta entonces

Una vez que tengamos la imagen de «lo que será después», volveremos nuestra atención al «y ahora, ¿qué?». ¿Cómo debemos vivir hoy teniendo en cuenta las

Introducción

verdades sobre lo que aún ha de venir? Las promesas de Dios para el mañana deberían causar un efecto drástico en nuestra forma de vivir cada uno de los días que nos queden en este cuerpo. Nuestra vida debe estar llena de propósito, de paz y de esperanza. Hemos sido llamados a vivir hoy como vamos a vivir por toda la eternidad. ¿Es posible que haya una vida mejor que esa?

Tal vez hayas perdido a alguien a quien amas profundamente, y lo eches de menos, como me pasó a mí; y quieres saber dónde se encuentra. O tal vez te estés enfrentando con una enfermedad o una circunstancia que amenaza con arrebatarte la vida y estás asustado. Es posible que tu salud sea impecable en estos momentos, pero consideres lo inevitable y quisieras convertir tu preocupación en un poco de esperanza y de expectación. No quiero que tengas que esperar hasta llegar al final del libro para saber eso. Es probable que aquello que yo encontré sea muy diferente de lo que has estado pensando hasta estos momentos o, tal vez, de lo que te hayan enseñado, y (escucha con atención) sea mucho mejor que lo que te hayas podido imaginar jamás. En realidad, lo que Dios ha preparado para aquellos que lo conocemos es impresionante en hermosura.

Con franqueza, ¿cómo me ha afectado a mí? Bien, mientras escribo esto, acabo de regresar de una cita médica que tuve por la mañana. En realidad, era la biopsia de un tumor que tengo en la tiroides. Pasarán algunos días antes de que obtenga todos los resultados, pero me encuentro en una situación muy distinta hoy a la que pasé en diciembre de 1999. Tengo mis temores, pero Jesús y lo que he aprendido acerca de nuestra vida eterna los han superado. Tengo unas cuantas preguntas, pero hoy tengo más respuestas. El corazón se me acelera un poco cuando reflexiono en lo desconocido, pero vuelve a una casi normalidad cuando reflexiono en la promesa sobre lo que habrá de venir.

Esta es la certeza que nos ha dado Jesús y que se ha cumplido en mi vida: «Conocerán la verdad, y la verdad los hará libres» (Juan 8.32). Oro para que recibas este mismo don durante tu lectura.

CAPÍTULO 1

¿Es suficiente con Jesús?

CON LA VIDA PENDIENDO DE UN HILO, MI MADRE ME PREGUNTÓ: «¿Es suficiente con Jesús?».

Años antes, cuando hizo la oración del pecador, ella reconoció sus pecados, confesó que Jesús es el Hijo de Dios, que murió y resucitó al tercer día, y suplicó que la obra que él realizó en la cruz se le aplicó como pago por sus pecados, para concederle una relación con Dios que durara por toda la eternidad. Sin embargo, a los sesenta y dos años de edad, cuando solo le quedaban tres días más en esta tierra, me preguntó con toda sinceridad a mí, a su hijo pastor, si aquella decisión y aquella oración bastaban para llevarla al cielo.

Tal como dije en la introducción, le respondí de inmediato: «¡Claro, mamá!». Sin embargo, en realidad yo mismo albergaba algo de incertidumbre en el fondo de mi mente.

En realidad, ¿podría ser la solución algo tan sencillo como recibir un regalo; en particular, uno que no nos merecemos? La gracia es un concepto mentalmente estremecedor. No hay ningún otro aspecto de la vida que le dé tanto y le exija tan poco al que lo recibe. Podría ser una de esas ofertas «demasiado buenas como para ser ciertas»; asegúrate de leer la letra pequeña, porque debe haber alguna trampa.

Aparte de eso, está ese puñado de textos bíblicos que nos hacen detenernos a pensar, como el que dice que «la fe sin obras está muerta» (Santiago 2.26).

Sí, la fe forma parte de la ecuación, claro, pero también se encuentran en ella las buenas obras. Ahora bien, surge la pregunta: ¿cuántas buenas obras son suficientes? ¿Acaso tendrá Dios una curva de clasificación en la que compare mis obras con las tuyas?

En el pasado, organicé los pasos del proceso o la fórmula, si así lo quieres llamar, para obtener la vida eterna, tal como lo enseña cada una de las denominaciones y expresiones principales del cristianismo. Consideré las doctrinas de los luteranos, de la Iglesia de Cristo, de los bautistas, de los católicos, de los metodistas, de los presbiterianos y de los reformados. Cada iglesia tiene su propia opinión en cuanto a los detalles particulares.

Pensemos en el bautismo, por ejemplo. Algunas iglesias aceptan el bautismo de infantes, mientras que otras solo aceptan el bautismo después de que la persona ha tomado la decisión personal de aceptar a Jesús como Salvador. Algunas se conforman con solo rociar agua sobre la cabeza del que se bautiza, mientras que otras exigen una inmersión total en el agua. Unas bautizan a la persona hacia atrás y en el nombre de Jesús; otras bautizan al candidato hacia delante y tres veces en el nombre del Padre, del Hijo y del Espíritu Santo.

Unos ven el bautismo como un paso de obediencia, pero no lo consideran un requisito para recibir la salvación; otros lo ven como el acto esencial para asegurar la salvación de la persona. Hay grupos que creen que en definitiva, la persona que acepta a Cristo fue elegida por Dios de antemano para recibir la salvación; otros grupos creen que la decisión es una cuestión que depende por completo del libre albedrío de cada persona. Y la lista sigue.

Aunque parezcan existir un número ilimitado de matices teológicos en el proceso de recibir la salvación de Dios, observé la presencia de una fuerte columna que todos ellos tienen en común: Jesús. Nadie parecía tener dificultades con Hechos 4.12: «De hecho, en ningún otro hay salvación, porque no hay bajo el cielo otro nombre dado a los hombres mediante el cual podamos ser salvos». En última instancia, lo cierto es que nadie entra en una relación con Dios sin la obra de Jesucristo en la cruz. Los pasos serán distintos de una denominación a otra, pero en el núcleo de todo, es Jesús solamente el que nos salva. Este es un fundamento muy útil como punto de partida.

Además de eso, sin embargo, siempre hubo ciertos pasajes de la Biblia que me incomodaban; unos que parecían desafiar la idea de que la salvación era tan sencilla como recibir un regalo. Esos textos parecían decir que las obras y la perseverancia tenían que estar involucradas para que esa transacción se concretara. En mis primeros años de ir a la iglesia, e incluso al colegio bíblico y al seminario, los maestros de la denominación de la que era miembro se limitaban a aseverar con toda firmeza, que con la fe bastaba. Puesto que en aquellos momentos me sentía algo inferior a su capacidad intelectual y a los años que habían empleado en el estudio, me encogía de hombros y confiaba en que todo saliera bien. Mientras la muerte me pareciera muy lejana, en realidad, era fácil ignorar el tema.

Ahora no, sin embargo. Mi madre estaba en grave peligro y yo tenía que saber la verdad.

A lo largo de aquellos tres días siguientes, acudí a las Escrituras con el corazón adolorido y la mente abierta para descubrir la verdad acerca de la salvación mientras hubiera tiempo aún. No sentía interés alguno por defender la posición de ninguna denominación ni por endulzar las cosas para predicar en un funeral en el futuro. Era una cuestión puramente de vida o muerte para alguien a quien amaba tan profundamente. Todavía se me llenan los ojos de lágrimas mientras escribo sobre ella ahora, quince años más tarde.

No estaba excesivamente interesado en esos pasajes secundarios que respondieran de manera implícita la pregunta en cuanto a lo que hace falta realmente para asegurarse la vida eterna; quería estudiar aquellos textos que me dieran una respuesta explícita. Cuando lleguemos al final de nuestros días, ¿nos habrá bastado realmente con Jesús? ¿Nos pone la fe en Dios, sin nada más, en una relación correcta con él?

Estas son preguntas en las cuales todos debemos profundizar más en algún punto de nuestro peregrinaje en la fe. Es frecuente que nos sintamos tentados a pasar por encima aquellos pasajes que no podemos explicar, o que nos causan consternación, y esto produce una falsa fachada de seguridad, y deja en el fondo de nuestra mente una dañina irritación que se convierte en una duda totalmente desarrollada cuando surgen circunstancias difíciles. Así que tomemos una ruta diferente aquí, y sumerjámonos juntos en algunas de esas tensiones y algunos de esos pasajes difíciles.

Marcos 10.17-22

A medida que avanzamos en esta historia, encontramos a Jesús en el corazón mismo de su ministerio. La gente llegaba a él de todo lugar, buscando solamente un contacto que la pudiera sanar, una palabra que la liberara de las ataduras. Al entrar en la región de Judea, un joven rico se le aproximó y le hizo una pregunta idéntica a la nuestra. He aquí cómo comienza el desarrollo de este relato:

> Cuando Jesús estaba ya para irse, un hombre llegó corriendo y se postró delante de él.
> —Maestro bueno —le preguntó—, ¿qué debo hacer para heredar la vida eterna?
> —Marcos 10.17

El joven rico le formuló la pregunta del millón (aunque la respuesta va a valer mucho más que eso): «¿Qué debo hacer?» o bien, esencialmente, «¿Qué me va a hacer falta? ¿Cómo me aseguro de entrar al cielo? ¿Cuál es la clave, la respuesta, el secreto?».

En su estilo clásico, Jesús le hizo al joven otra pregunta antes de responder a la suya. Jesús era un genio en cuanto a poner a la gente a pensar. La gente aprende mejor en un diálogo que en un monólogo —«Conversa conmigo; no te limites a hablarme»— y Jesús hacía que hablaran con él, planteó preguntas

¿Es suficiente con Jesús?

a sus preguntas que a su vez descubrían otras cuestiones que las personas no habían podido ni imaginar siquiera. Aquí, estaba revelando la respuesta a la pregunta del joven rico por medio de la que él le hizo a su vez.

—¿Por qué me llamas bueno? —respondió Jesús—. Nadie es bueno sino solo Dios. Ya sabes los mandamientos: "No mates, no cometas adulterio, no robes, no presentes falso testimonio, no defraudes, honra a tu padre y a tu madre."

—Maestro —dijo el hombre—, todo eso lo he cumplido desde que era joven.

Jesús lo miró con amor y añadió:

—Una sola cosa te falta: anda, vende todo lo que tienes y dáselo a los pobres, y tendrás tesoro en el cielo. Luego ven y sígueme.

Al oír esto, el hombre se desanimó y se fue triste porque tenía muchas riquezas.

—Marcos 10.18-22

Jesús no estaba tratando de dejar mudo a aquel hombre, ni de aguijonearlo por molestar. Al contrario; el pasaje dice que Jesús lo miró con amor. Él quería realmente que aquel joven entendiera las cosas. La respuesta parece directa y salida de los labios del propio Jesús. ¿Quieres heredar una vida con Dios? Haz buenas obras.

¿Qué? ¿Acaso no es eso lo contrario a todo lo que se nos ha enseñado acerca de la gracia? Esa no es la buena noticia que hemos escuchado acerca de Jesús; es una mala noticia, en especial para aquellos que se están acercando al final de su vida, como le sucedía a mi madre cuando me hizo aquella pregunta sobre la duda que seguía teniendo en la mente. A ella no le quedaba tiempo para hacer más buenas obras. Ciertamente, no era una persona acaudalada, como el joven rico, pero tampoco había vendido todo cuanto tenía para dárselo a los pobres. Y, si vamos al caso, yo tampoco lo he hecho.

¿Estaría diciendo Jesús, en verdad, que la clave para heredar la vida eterna es a través de una norma inalcanzable en cuanto a buenas obras? ¿Habremos estado equivocados todo este tiempo? Si es así, si esta es la verdad, ¡enfrentémosla de una vez y pongámonos a trabajar!

Sin embargo, antes de ponernos a la obra y vaciar nuestras cuentas bancarias, echemos una mirada al siguiente pasaje que nos viene de inmediato a la mente, para comparar y contrastar su mensaje con esta enseñanza de Jesús.

Efesios 2.8-9

A diferencia de todas las demás organizaciones que había en el momento en que Pablo escribió la epístola a los Efesios, la iglesia de Éfeso estaba formada por judíos y gentiles que se habían unido para formar un solo cuerpo de Cristo unificado... o al menos, esa era la intención. En aquellos tiempos, el racismo era tan fuerte como ahora, o tal vez más, y las diferencias entre los judíos y los gentiles eran enormes. Encima de eso, en realidad, los judíos querían añadir algunos pasos más al proceso de salvación que exigirían a los gentiles que hicieran algunas cosas que hacían ellos mismos, como circuncidarse y observar ciertas restricciones en su dieta.

Sin embargo, Pablo estaba tratando de derribar los muros que dividían a la iglesia y unificarlos alrededor de la verdad del mensaje del evangelio que habían aceptado. Sin medir sus las palabras, les presentó con claridad y sencillez la fórmula para la vida eterna, tanto para los judíos, como para los gentiles:

> Porque por gracia ustedes han sido salvados mediante la fe; esto no procede de ustedes, sino que es el regalo de Dios, no por obras, para que nadie se jacte.

¿Es suficiente con Jesús?

¿La senda hacia la vida eterna, para ser salvos? *Gracia*. Esta palabra solo significa que es algo que no nos ganamos. La decisión de abrirnos un camino para que podamos tener una relación eterna con Dios es un don, un regalo. Lee todo el segundo capítulo de Efesios y verás con claridad que el don al que se refiere Pablo es la muerte de Jesús en la cruz como pago por nuestros pecados. ¿Por qué necesitamos ese pago? Porque todos nosotros somos imperfectos y, por tanto, no podemos comparecer ante un Dios justo; pero cuando Jesús, Dios encarnado, inocente de todo pecado, murió en la cruz, cargó sobre sí el castigo que todos nosotros merecíamos. Su sangre fue el pago, el precio de admisión para que nosotros podamos comparecer ante la presencia de Dios. Es el único pago suficiente por nuestros pecados. Y el medio por el cual extendemos la mano para recibir ese regalo es «mediante la fe», la comprensión de lo que Dios nos está ofreciendo, y la confianza en que este es el camino a la salvación.

En ese caso, ¿qué debemos hacer para ganar la vida eterna? Depositar nuestra fe en Cristo.

La parte que parece entrar en conflicto con las palabras de Jesús al joven rico, de Marcos 10, es aquella en la que Pablo señala con claridad que la salvación «no es por obras». Si Pablo no hubiera escrito esas palabras, sencillamente, podríamos combinar los dos conceptos:

Fe (la aceptación del don de Dios) + Obras (hacer el bien)
= Salvación (vida eterna, cielo, etc.)

Sin embargo, en lugar de eso, Pablo declaró con franqueza que las obras no contribuyen en nada a la salvación de la persona. Entonces, ¿cómo reconciliamos esta aparente contradicción?

Juan 3.16

Veamos otra enseñanza de Jesús, que se encuentra en el versículo que podríamos considerar como el más popular de la Biblia.

> Porque tanto amó Dios al mundo, que dio a su Hijo unigénito, para que todo el que cree en él no se pierda, sino que tenga vida eterna.

¿Cómo recibimos la vida eterna? Creyendo en Jesús.

Para asegurarse de que no lo malentendiéramos, Jesús repitió la misma idea numerosas veces. (El énfasis en los versículos siguientes es mío.)

- «El que *cree* en el Hijo tiene vida eterna; pero el que rechaza al Hijo no sabrá lo que es esa vida, sino que permanecerá bajo el castigo de Dios» (Juan 3.36).
- «Ciertamente les aseguro que el que oye mi palabra y *cree* al que me envió, tiene vida eterna y no será juzgado, sino que ha pasado de la muerte a la vida» (Juan 5.24).
- «Porque la voluntad de mi Padre es que todo el que reconozca al Hijo y *crea* en él, tenga vida eterna, y yo lo resucitaré en el día final» (Juan 6.40).
- «Ciertamente les aseguro que el que *cree* tiene vida eterna» (Juan 6.47).

Está claro que hay acuerdo entre Jesús y Pablo. En ese caso, ¿qué le estaba diciendo en realidad al joven rico cuando le dio una lista de normas que debía cumplir?

Piensa en lo siguiente: él no le estaba diciendo al joven que guardara la ley a la perfección, sino que le estaba pidiendo que admitiera que no la podía cumplir absolutamente. Quería que cediera y confesara que la vida eterna no se hallaba al alcance de su poder ni de su capacidad. Estaba tratando de hacer que le dijera: «Yo no puedo, pero tú sí».

¿Recuerdas que lo llamó «Maestro bueno»? Jesús le contestó de inmediato: «¿Por qué me llamas bueno? Nadie es bueno sino solo Dios» (Marcos 10.17-18). ¿Qué le estaba tratando de decir?

1. Solo Dios es bueno.
2. Al llamarme bueno, sin saberlo estás revelando que yo no soy un ser humano cualquiera.

Si aquel joven orgulloso y autosuficiente se hubiera humillado y le hubiese dicho: «Yo no puedo», Jesús le habría dicho lo que les dijo a todos los demás: «Sí, es cierto que tú no puedes, pero yo sí puedo. Cree en mí, y tendrás vida eterna». Pero ese paso era demasiado grande para que lo diera el orgulloso joven. Así que se marchó.

Para todos los que estemos dispuestos a aceptar que no podemos, y que necesitamos la ayuda de Jesús, lo que sigue es otra pregunta crucial: «¿Cómo puedo creer?» o, en otras palabras, «¿Cómo deposito mi fe en Cristo?». Esto nos lleva a nuestro próximo pasaje directo y sin adornos.

Romanos 10.9-10

Si confiesas con tu boca que Jesús es el Señor, y crees en tu corazón que Dios lo levantó de entre los muertos, serás salvo. Porque con el corazón se cree para ser justificado, pero con la boca se confiesa para ser salvo.

Pablo nos da un sencillo proceso en dos pasos:

Primer paso: Cree en tu corazón.
Segundo paso: Confiésalo con tu boca.

Es necesario que haya una decisión interna y una declaración externa.

Creer algo en el corazón es más que una simple comprensión mental. Con respecto a la salvación, significa que tu mente entiende el ofrecimiento de la gracia que le hace Cristo y lo envía al corazón, el centro ejecutivo de tu vida, para que tomes una decisión. Cuando el corazón cree, eso significa esencialmente que tu voluntad abraza la idea y confía en ella. ¿Cuál idea?

- Que nosotros no nos podemos ganar la salvación por medio de buenas obras.
- Que la muerte de Jesús en la cruz nos proporciona un pago total por nuestros pecados, tanto presentes como pasados y futuros.
- Que la resurrección de Jesús de entre los muertos lo autentica como Dios, no como un hombre común y corriente.
- Que abrazar estas verdades es el único camino a una vida eterna con Dios.

Pablo dice que todo comienza en el corazón, en la decisión interna, pero que hay un paso más que dar. Lo debemos declarar en voz alta con nuestra boca. Debemos confesar en público esa decisión hecha en nuestro interior. Jesús mismo dijo:

> ¿De qué le sirve a uno ganar el mundo entero si se pierde o se destruye a sí mismo? Si alguien se avergüenza de mí y de mis palabras, el Hijo del hombre se avergonzará de él cuando venga en su gloria y en la gloria del Padre y de los santos ángeles.
>
> —Lucas 9.25-26

En su primer sermón, Pedro expresó con claridad este mismo proceso de dos pasos. Después de relatar la historia de Jesús de principio a fin, señalando todo lo que le había llevado a la crucifixión y la resurrección, concluyó su conmovedor mensaje con estas palabras:

«Por tanto, sépalo bien todo Israel que a este Jesús, a quien ustedes crucificaron, Dios lo ha hecho Señor y Mesías.» Cuando oyeron esto, todos se sintieron profundamente conmovidos y les dijeron a Pedro y a los otros apóstoles:

—Hermanos, ¿qué debemos hacer?

—Arrepiéntase y bautícese cada uno de ustedes en el nombre de Jesucristo para perdón de sus pecados —les contestó Pedro—, y recibirán el don del Espíritu Santo.

—Hechos 2.36-38

Cuando los que lo escuchaban en la multitud le preguntaron qué debían hacer, Pedro les propuso dos pasos concretos: (1) arrepentirse y (2) ser bautizados.

El arrepentimiento es la decisión interna. La palabra traducida como *arrepentirse* significa dar media vuelta; reconocer que se ha estado caminando en la dirección incorrecta. Es lo que dijo el profeta Isaías: «Todos andábamos perdidos, como ovejas; cada uno seguía su propio camino» (Isaías 53.6). Una vez que has reconocido que vas por un camino errado, abandonas ese curso para comenzar a dirigirte hacia un lugar nuevo; esto es, hacia Dios y su reino. El arrepentimiento no es solo un reconocimiento intelectual de que has errado, sino también una decisión acompañada por la intención de vivir de una manera diferente.

> El arrepentimiento no es solo un reconocimiento intelectual de que has errado, sino también una decisión acompañada por la intención de vivir de una manera diferente.

El bautismo, como siguiente paso, es la declaración externa, la profesión pública de esa decisión interna de volvernos a Dios. Cualquiera que sea la forma de bautismo, ya sea por aspersión o por inmersión, lleva en sí el propósito de ser una declaración pública. En el siglo I, cuando los recién convertidos eran bautizados en un estanque de agua, las orillas del mismo se llenaban de personas de la comunidad, no solo de miembros de la iglesia. Todos ellos presenciaban esa demostración externa de lealtad a Jesús. Aquello se convertía en un registro público. En aquellos días, en tiempos de persecución, si alguien era acusado de ser cristiano y llevado ante los tribunales, esa evidencia lo delataba como culpable más allá de toda duda razonable.

Aunque dentro de la fe cristiana, sus diversas expresiones usan palabras y maneras diferentes de expresar esa decisión interna y esa declaración externa, creo que a fin de cuentas, lo que Dios mira es el corazón de la persona. Es probable que alguien pueda cumplir con todos los pasos señalados en el catecismo y decir todas las palabras correctas; seguir todo el procedimiento y tomar la comunión cada semana durante toda su vida para recibir la gracia de Dios, e incluso hacerse bautizar por aspersión, o en el bautisterio de una iglesia, o hasta en el río Jordán, pero si su corazón no ha aceptado genuinamente a Jesús, esto pone en tela de juicio la autenticidad de su redención. Solo Dios puede penetrar hasta el corazón y ver si esa decisión fue verdaderamente genuina.

He estado relacionado con tres denominaciones distintas a lo largo de mis cuarenta años de caminar con Jesús. Cada uno de esos grupos proclama que su proceso es el correcto. En lo particular, me siento un poco cansado de esas afirmaciones. Si solo hubiera existido una manera de expresar nuestra decisión interna y nuestra declaración externa, es mi opinión que los escritores de la Biblia habrían tenido la obligación moral de proclamarla de manera uniforme. En muchas partes del mundo solo se ha traducido una pequeña parte de la Biblia a los idiomas locales. ¿Te puedes imaginar que esas personas llegaran al juicio del gran trono blanco, solo para enterarse de que todo el tiempo han tenido la sección equivocada?

¿Es suficiente con Jesús?

En conclusión: ¡Dios ve las decisiones de nuestro corazón!

En la Biblia hay muchas cosas que resultan difíciles de comprender, pero esta no es una de ellas. Dios nos ha señalado el camino con claridad. La vida eterna con Dios no nos viene debido a nuestras propias obras, sino a la gracia de él, un don recibido través de la persona y la obra de Jesucristo. Debemos recibir ese don poniendo nuestra confianza en Cristo; creyendo en él y en lo que ha hecho por nosotros. Eso hacemos cuando internamente tomamos esa decisión en el corazón y después confesamos exteriormente la decisión tomada ante el mundo.

Lo único que nos queda por decidir es si queremos dar este paso de fe. ¿Nos vamos a tragar nuestro orgullo y admitir que no podemos alcanzar el cielo por nuestro propio esfuerzo o vamos a reaccionar como el joven rico? ¿Vamos a abandonar nuestros intentos por ganarnos el favor de Dios para aceptar su asombrosa gracia? ¿Tendremos la valentía necesaria para confesar en voz alta, para que sepan con toda claridad nuestra familia, amigos, vecinos, compañeros de trabajo y de estudio que pertenecemos a Jesús? ¿Estaremos dispuestos a humillarnos en frente de los demás para que un pastor derrame agua sobre nuestras cabezas o para ser sumergidos en un estanque o en un río, con el fin de demostrar nuestra entrega a Jesús y proclamar que nuestra vida antigua es sepultada con él en su muerte, y ahora tenemos vida nueva en él por medio de su resurrección?

Jesús dijo: «Ustedes estudian con diligencia las Escrituras porque piensan que en ellas hallan la vida eterna. ¡Y son ellas las que dan testimonio en mi favor! Sin embargo, ustedes no quieren venir a mí para tener esa vida» (Juan 5.39-40). Esa es la verdad y es una verdad clara. El camino a la vida eterna en Jesús fue presentado con claridad en el Antiguo Testamento, pero en el Nuevo Testamento se presenta con mayor claridad aún. ¿Vas a tomar la decisión de recibirlo o te vas a negar a hacerlo? O bien, dicho de otra manera, ¿qué vas a escoger: recibir a Jesús o rechazarlo?

Volví al cuarto de mi madre en aquel hospital para contarle mi firme descubrimiento. Aunque ya estaba sedada por los medicamentos para el dolor, la enfermera me dijo que aún podía escucharme y comprender. Así que me incliné hacia ella y le susurré al oído: «Mamá, volví a comprobarlo para estar seguro y solo quiero que sepas que sí es suficiente. ¡Cristo es suficiente! Ya puedes relajarte; yo iré detrás de ti».

Lo cierto es que mi madre le tenía miedo a la muerte. En realidad, nunca terminó de relacionarse con una iglesia y esa falta de conexión con la comunidad de Cristo impidió su crecimiento y la privó de la seguridad en cuanto a su salvación. Hasta hoy, su temor y su incertidumbre han sido algunas de las cosas más difíciles de ver en el rostro de alguien a quien amaba tan profundamente. Pero lo importante era que ella creyó en su corazón y confesó con su boca a Jesús como Señor suyo. Y con eso bastaba.

Suficiente

Hace poco, presenté el contenido de este capítulo en un mensaje dirigido a la gente a la que sirvo en San Antonio, Texas. Lo que yo no sabía era que una hermosa dama de sesenta y ocho años de edad, llamada Lynda Coe, estaba presente. Lynda había batallado con la depresión y el trastorno bipolar, producidos por la depresión posparto después del nacimiento de su hijo. Su nuera escribió lo siguiente acerca de Lynda en su blog:

> Batalló toda su vida en un pozo de desesperación. También luchó con el alcoholismo. Estas dos cosas combinadas eran una receta que a nadie le agradaba enfrentar. La lucha fue real para todos los miembros de la familia. En el trayecto abundaron las disculpas y las promesas rotas.[1]

Shar, la hija de Lynda, con la intención de conseguirle ayuda y sanidad la invitó a la congregación de Oak Hills Church, en la cual tengo el privilegio de ministrar. Después de unas visitas, Lynda se encontró sentada en el culto mientras yo relataba esta historia acerca de mi madre. Lo presenté con tanta pasión como me fue posible, y señalé que «Cristo es suficiente». Resultó que Lynda, no solo escuchaba atentamente, sino que además estaba tomando numerosas notas.

Es más, la última línea que escribió y abrazó decía: «Cristo es todo lo que necesitas».

Cuatro días más tarde, falleció.

No obstante, por haber aceptado ese mensaje en su corazón, descubrió lo mismo que mi madre en el momento en que expiraba: la vida eterna con Dios es real, todo lo que se necesita es una fe sencilla en Jesús y una declaración de esa fe.

Eso mismo es lo que te digo a ti ahora; lo que les dije a mi madre y a Lynda Coe: «¡Jesús es suficiente!».

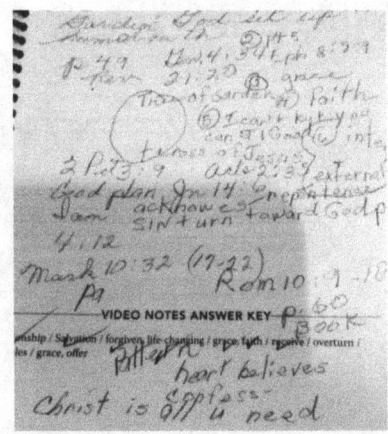

Si nunca has tomado esta decisión en tu corazón, permíteme invitarte a decirle a Dios la misma oración que hice cuando tenía catorce años, que es la misma que mi madre pronunció cuando tenía cuarenta y uno, y la misma que hizo Lynda Coe a los sesenta y ocho.

Amado Padre celestial:

Sé que soy pecador y te pido perdón. Sé también que no puedo salvarme a mí mismo, pero que tú sí puedes. Creo que Jesucristo, tu Hijo, murió por mis pecados y resucitó de entre los muertos. Confío en ti y te sigo como mi Señor y mi Salvador. Guía mi vida y ayúdame a hacer tu voluntad.

En el nombre de Jesús, amén.

Si esta es la primera vez que haces esta oración, ahora necesitas declararla con tu boca. Díselo a todo el mundo. Encuentra, en tu comunidad, una iglesia que crea en la Biblia; y pídeles que te guíen en el camino para mostrar exteriormente tu decisión de confiar en Cristo.

¿Me harías el honor de ser uno de los primeros ante los cuales confieses tu fe en voz alta? Aquí tienes mi correo electrónico: randyf@oakhillschurch.com.

Te prometo que voy a orar personalmente por ti.

LA VIDA EN EL INTERMEDIO

CAPÍTULO 2

¿Qué me sucederá si muero sin Cristo?

Un hombre de negocios, mientras se hallaba de vacaciones, estaba leyendo el periódico de su ciudad. Se quedó atónito al encontrarse con su propio obituario. Estupefacto y airado, inmediatamente llamó por teléfono al editor.

—¡Estoy llamando acerca de la noticia de mi muerte que publicaron ustedes ayer en su periódico! —exclamó.

—Sí, señor —le contestaron—. ¿Y desde dónde nos está llamando?

Buena pregunta. ¿Dónde vamos a parar exactamente después de exhalar nuestro último suspiro?

Hace poco descubrí que hay 2.667 cafés de la muerte en treinta y dos países del mundo. Y te estarás preguntando: *¿Qué son los cafés de la muerte?* Son salas de debate donde se reúnen las personas para tomar café y hablar de la muerte.[1] Es evidente que hay cierta fascinación morbosa con el tema de la muerte, tal vez a causa del misterio que rodea al paso de esta vida a la próxima; pero sospecho que, en realidad, la gente está menos interesada en la muerte y más en la vida después de la muerte. ¿No estarías de acuerdo?

¿Dónde va exactamente a parar nuestra alma después de que morimos? La Biblia nos enseña con claridad que hay dos opciones. En este capítulo hablaremos del primer lugar de destino y responderemos esta pregunta: ¿Qué me sucederá si muero sin Cristo? Comencemos.

Las tres etapas

A fin de responder esta pregunta, sería útil establecer primero el marco de lo que enseña la Biblia como las tres etapas de la vida:

- La vida presente
- La vida en el intermedio
- La vida eterna

La vida presente

Comencemos con la vida presente. Esta es la etapa en la cual estás ahora, mientras lees este libro. Es el periodo que transcurre entre nuestra concepción en el seno de nuestra madre y nuestra muerte. La extensión de ese tiempo varía de una persona a otra. La vida humana más larga de la cual tenemos noticia se encuentra registrada en Génesis 5.27. La Biblia dice: «De modo que Matusalén murió a los novecientos sesenta y nueve años de edad». En la actualidad, la extensión promedio de la vida de los hombres de todas las razas en Estados Unidos es de 76,4 años, y la de las mujeres de esta nación es de 81,2.[2] ¿Por qué viven las mujeres más tiempo que los hombres? Solo podemos hacer suposiciones, pero si te decidieras a presentar una hipótesis acerca de la respuesta a esa pregunta, ten cuidado con quien compartas la respuesta. Podrías terminar encontrándote con tu Creador en ese momento.

Ahora en serio. En el esquema general de las cosas, en realidad la vida presente es más bien insignificante, comparada con lo que aún está por venir. Tanto si alguien vive un solo día, como si vive 969 años, ambas vidas palidecen, comparadas con la eternidad.

La vida en el intermedio

Cuando una persona muere, su cuerpo es sepultado y su espíritu pasa de la vida presente a la vida en el intermedio. En los escritos teológicos se la llama «el estado intermedio». Algo importante que necesitas saber, y que tal vez te sorprenda, es que el Antiguo Testamento dice muy poco acerca de la vida más allá de la muerte, o lo que nosotros estamos llamando «la vida en el intermedio», y el Nuevo Testamento solo tiene unos pocos versículos acerca de esta segunda etapa. Detesto decírtelo, pero todos los sermones y pontificaciones que has oído acerca de las puertas de perla, las calles de oro y demás, bueno, aún no hemos llegado a esa parte en la secuencia de eventos de lo que sucede directamente después de la muerte. Ninguna de esas cosas entra en escena hasta la tercera etapa, la vida eterna. Pero, en estos momentos, nos estamos centrando en la vida en el intermedio.

Jesús mismo nos dio la mejor visión de esa vida en el intermedio en la historia del hombre rico y Lázaro:

> Había un hombre rico, que se vestía de púrpura y de lino fino, y hacía cada día banquete con esplendidez.
>
> Había también un mendigo llamado Lázaro, que estaba echado a la puerta de aquél, lleno de llagas, y ansiaba saciarse de las migajas que caían de la mesa del rico; y aun los perros venían y le lamían las llagas.
>
> Aconteció que murió el mendigo, y fue llevado por los ángeles al seno de Abraham; y murió también el rico, y fue sepultado.
>
> Y en el Hades alzó sus ojos, estando en tormentos, y vio de lejos a Abraham, y a Lázaro en su seno.
>
> Entonces él, dando voces, dijo: Padre Abraham, ten misericordia de mí, y envía a Lázaro para que moje la punta de su dedo en agua, y refresque mi lengua; porque estoy atormentado en esta llama.
>
> Pero Abraham le dijo: Hijo, acuérdate que recibiste tus bienes en tu

vida, y Lázaro también males; pero ahora éste es consolado aquí, y tú atormentado.

Además de todo esto, una gran sima está puesta entre nosotros y vosotros, de manera que los que quisieren pasar de aquí a vosotros, no pueden, ni de allá pasar acá.

—Lucas 16.19-26, rvr1960

Murieron dos hombres: un rico y un mendigo. Sus cuerpos fueron sepultados en la tierra y la vida presente terminó para ambos. Sus espíritus, algunos dirían que sus almas, fueron al mismo lugar, que está dividido en dos secciones, la superior y la inferior, con una sima (o abismo) entre ellas. Aquí tienes un sencillo dibujo que representa la imagen que Jesús nos estaba describiendo.

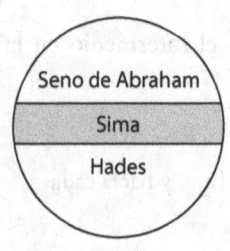

Jesús le dio el nombre de «Hades» a la sección inferior, donde fue a parar el hombre rico. En cuanto a la sección superior, donde fue a parar Lázaro, la llamó «el seno de Abraham». Otras traducciones se refieren a esta sección superior llamándola «el lado de Abraham». En realidad, no estamos seguros de dónde se halla ese lugar intermedio, pero sí sabemos que es donde van tanto los creyentes como los no creyentes, después de que su cuerpo pierde la vida. Es importante observar aquí que después de la muerte y resurrección de Cristo, hay un cambio en cuanto al lugar de residencia para los creyentes. Hablaremos más de esto en el próximo capítulo.

El Seol, el Hades, el infierno y las tinieblas

Entonces, ¿qué le sucede hoy a una persona que muere sin haber aceptado nunca el perdón de sus pecados por medio de la sangre que derramó Jesús? El cuerpo de la persona va a la tumba y su espíritu va al Hades, el lugar donde espera el juicio final que aún está por venir.

En verdad, el cuadro no tiene nada de hermoso... o al menos, nada que alguien estuviera dispuesto a escoger. Hace más de cuarenta años, cuando acepté a Cristo, debo admitir que lo hice principalmente porque el pastor «me hizo temblar de espanto con el Hades». Yo no fui criado en un hogar cristiano, por lo que no había ido a ninguna iglesia, hasta que a los catorce años, un vecino que vivía a dos casas de distancia de la mía me invitó a asistir a una.

La iglesia a la que me llevó era una de esas donde se habla «del fuego y el azufre». Allí no oí hablar mucho de aquello para lo cual Dios me estaba salvando; solo oí hablar de aquello de lo que Dios me estaba salvando: del abismo de fuego infernal, donde hay llanto, gemidos y crujir de dientes. ¡Eso me espantaba! Con todo, estoy bien seguro que la historia es mucho más grande que la parte que me contaron en aquel entonces.

Dios tiene para nosotros una visión diferente y más completa que simplemente escapar de las llamas. Su visión no consiste tanto en salvarnos *de* la muerte como en salvarnos *para* la vida. No se trata tanto de salvarnos *del* infierno, como de salvarnos *para* que vivamos con él.

Esta es una de las cosas más difíciles de aceptar en nuestra mente y hay personas que nunca han podido aceptarla. Esta falta de aceptación es la razón por la que estamos hablando del Hades en este momento.

Así que, ¿cuál es la verdad completa? ¿Cómo es el infierno? ¿Es el infierno lo mismo que el Hades?

Comencemos por esta última pregunta. En el Antiguo Testamento, la principal palabra que se usa para referirse al lugar donde va la persona al morir, es *Seol*. La mayoría de las veces, se refiere sencillamente al lugar donde habitan los muertos, tanto los justos como los malvados (Job 17.13; Salmos 16.10; Isaías 38.10; todas en RVR60).

Es interesante que la traducción griega del Antiguo Testamento, la llamada Septuaginta, traduce la palabra *Seol* con la palabra griega *Hades*. De hecho, a lo largo de todo el Antiguo Testamento, *Hades* es una palabra virtualmente sinónima de *Seol*. ¿Cómo se llegó a generalizar la identificación del vocablo *Hades* con un lugar de castigo, siendo que hablamos de él anteriormente como el lugar donde se hallan los justos y los malvados que han muerto? Jesús desarrolló más esta idea en el Nuevo Testamento, comenzando con la historia de Lucas 16, al referirse al Hades primordialmente como el lugar de habitación temporal de los malvados que habían muerto, en vez de identificar al lugar donde iban tanto los justos como los malvados.[3]

Las varias veces que se usa la palabra *Hades* en el Nuevo Testamento, la versión Reina Valera Antigua la traduce como «infierno». De esa manera, en el Nuevo Testamento, las palabras *Hades* e *infierno* llegaron a referirse al mismo lugar: la habitación temporal de los espíritus de aquellos que han muerto sin Cristo.

¿Cómo es ese lugar? Algunos expertos no creen que el Hades, o infierno, sea realmente un lugar donde hay fuego. Es difícil que un espíritu sienta los efectos del fuego. Al parecer, haría falta tener un cuerpo físico para sentirlo. Tal vez haya una sensación ardiente que el espíritu pueda sentir y que tenga por consecuencia una experiencia atormentadora. Pero a fin de cuentas, en realidad, no sabemos nada con certidumbre. Lo que sí sabemos es que se trata de un lugar que tenemos que evitar a toda costa.

Judas 13 habla de él como un lugar donde existe «la más densa oscuridad». No sé cómo te sentirías tú, pero a mí me basta con esa idea para aterrarme. Yo soy de esos que se desenvuelven mejor durante el día. El invierno, con sus días más cortos, es la época del año que menos me agrada. Suspiro de satisfacción cuando los rayos del sol me dan en el rostro. Dondequiera que esté esa densa oscuridad perpetua, está en el primer lugar dentro de la lista de los lugares que quiero evitar.

Sin embargo, la peor parte de todas no es la oscuridad, ni el tormento en sí, sino esa sensación de reclusión solitaria, alejados de la presencia de Dios, y con el conocimiento del juicio que tenemos pendiente. En 2 Tesalonicenses 1.9 se nos dice que aquellos que no conozcan a Dios «sufrirán el castigo de la destrucción eterna, lejos de la presencia del Señor y de la majestad de su poder». Será como despertarse cada día en la celda de los condenados a pena de muerte, y sin oportunidad alguna de retrasar la ejecución. En esencia, el Hades es el alejamiento de la presencia misma de Dios y de la vida para la cual fuimos creados, mientras esperamos nuestro juicio definitivo. Ciertamente, no es ese el final de la historia que ninguno de nosotros desearía.

La decisión se toma ahora, en la vida presente

¿Por qué es este el fin posible de cualquiera de nuestras historias? ¿Dónde comenzó todo esto? El alejamiento de la presencia de Dios empezó cuando Adán y Eva rechazaron la visión divina de que vivieran con él en el huerto, y comieron de la fruta prohibida. Esto es lo que nos dice Génesis 3.23-24 que sucedió:

> Entonces Dios el Señor expulsó al ser humano del jardín del Edén, para que trabajara la tierra de la cual había sido hecho. Luego de expulsarlo, puso al oriente del jardín del Edén a los querubines, y una espada ardiente que se movía por todos lados, para custodiar el camino que lleva al árbol de la vida.

Este fue el comienzo de la separación entre Dios y la humanidad; el primer indicio de la existencia del Hades. El día anterior, Adán y Eva estuvieron paseando con Dios cuando comenzaba a refrescar. Ahora, fueron arrojados de su presencia y de la maravillosa vida que él ideó para ellos. Y eso mismo sería cierto con respecto a todos los que viniéramos después de ellos, tú y yo incluidos.

Si no resolvemos nuestra situación pecaminosa antes de que muera nuestro cuerpo físico (esto es, por medio de la aceptación del perdón que nos ofrece

Cristo), el alejamiento de la presencia de Dios continuará para nuestro espíritu, que es el que sigue vivo. Esto es lo que hemos estado llamando «Hades» o «infierno».

Lo que te voy a decir ahora reviste una importancia extrema: *esta decisión de alejarnos de él no era la voluntad de Dios.* Fue una decisión voluntaria de Adán y Eva cuando desobedecieron a Dios y comieron del árbol que se les prohibió. Su decisión de comer esta fruta en particular no se debía a que sintieran hambre. En el huerto tenían numerosos árboles frutales entre los cuales habrían podido escoger. Aquella decisión era su manera de decirle a Dios que lo rechazaban como Dios suyo y que querían ser dioses por su propia cuenta. Adán y Eva creyeron la mentira de Satanás acerca de la bondad de Dios y tomaron las cosas en sus propias manos. Una vez que hincaron los dientes en la primera mordida que le dieron a esa fruta, todo cambió. El pecado entró en sus vidas, incapacitándoles para vivir en comunidad con Dios. Eso los llevó a su exilio del huerto.

Lo mismo sucede contigo y conmigo. Tal vez nos parezca un poco injusto, pero a nosotros se nos dio la misma oportunidad que a Adán y a Eva. Ellos comenzaron sin pecado y decidieron pecar; nosotros empezamos ya en pecado, porque el virus pecaminoso de ellos nos es transmitido al ser concebidos. Comprobamos la presencia de esa enfermedad espiritual que hay en nuestra alma cuando tomamos deliberadamente la decisión de pecar contra Dios o contra los demás, algo que lamentablemente hacemos todos en uno u otro momento. Como consecuencia, vivimos en un estado de relaciones rotas a causa de nuestro pecado; de ahí el abismo que nos separa del Dios santo y justo. Sin embargo, cuando Cristo vino y se ofreció en sacrificio para cargar con el peso de nuestros pecados, y nos hizo justos ante Dios, él nos abrió las puertas a una oportunidad nueva.

Ahora, Dios se vuelve hacia ti y te dice: «Te he provisto el camino para que regreses al huerto, ¡al paraíso!, y vivas conmigo. ¿Quieres estar aquí?». Así como Adán pudo escoger entre abrazar una relación con Dios y alejarse de ella, también tú tienes que tomar una decisión.

Reflexiona en esta verdad: *Dios no envía a nadie al infierno; solo se limita a respetar la decisión de cada persona.*

El amor verdadero no obliga a nadie a devolver amor por amor. Dios es amor puro. Te ama tanto que ha entregado a su único Hijo con el fin de proporcionarte un camino de regreso a la relación con él. Todo lo que quiere saber es qué sientes tú con respecto a él. Y va a respetar tu decisión.

C. S. Lewis, autor muy conocido, profesor de la Universidad de Oxford, apologista y filósofo, dijo:

> DIOS NO ENVÍA A NADIE AL INFIERNO; SOLO SE LIMITA A RESPETAR LA DECISIÓN DE CADA PERSONA.

Creo gustosamente que los condenados son, en cierto sentido, exitosos: son rebeldes hasta el fin; y que las puertas del infierno están cerradas por *dentro*... Disfrutan para siempre de la horrible libertad que han exigido y, por lo tanto, son esclavos de sí mismos, tal como los bienaventurados al someterse por siempre a la obediencia, se vuelven más y más libres a través de toda eternidad.[4]

Tienes una decisión que tomar. Dios ha hecho posible el camino que lleva a la vida eterna por medio de la fe en Cristo. Recuerda: como descubrimos juntos en el capítulo anterior, ¡Es suficiente con Jesús! Él quiere que lo desees a él y a la vida que quiere que vivas. Sin embargo, no te va a poner un revólver cósmico en la cabeza. Regresemos a ver el resto de la historia del hombre rico y Lázaro en Lucas 16.

«Él respondió: "Entonces te ruego, padre, que mandes a Lázaro a la casa de mi padre, para que advierta a mis cinco hermanos y no vengan ellos también a este lugar de tormento". Pero Abraham le contestó: "Ya tienen a Moisés y a los profetas; ¡que les hagan caso a ellos!" "No les harán caso, padre Abraham —replicó el rico—; en cambio, si se les presentara uno de entre los muertos, entonces sí se arrepentirían". Abraham le dijo: "Si no les hacen caso a Moisés y a los profetas, tampoco se convencerán aunque alguien se levante de entre los muertos"»

—Lucas 16.27-31

Tengo que reconocer que hasta cierto punto, estoy de acuerdo con el hombre rico. En mi opinión, sería sumamente eficaz que volviera alguien de la muerte, no solo de una experiencia cercana a la muerte, sino que se plantara delante de sus conocidos y les dijera: «Esto es lo que les espera al otro lado». Eso captaría mi atención. ¿No lo haría con los tuyos también?

Abraham, sin embargo, le respondió: «Ya tienen a Moisés y a los profetas; ¡que les hagan caso a ellos!». Cuando usó las palabras «Moisés y los profetas» se estaba refiriendo a las Escrituras del Antiguo Testamento. Con ellas basta para señalarnos a Cristo y la fe en Dios con respecto a la salvación, y ahora también tenemos el Nuevo Testamento. Tenemos toda la historia, tal como Dios nos las ha revelado, y esa historia nos dice toda la verdad.

Piénsalo. Hubo un hombre que murió, y tres días más tarde volvió a la vida y se presentó delante de centenares de personas que lo conocían. Unos creyeron, pero la mayoría no creyó. Si la resurrección de Jesús de entre los muertos no funciona contigo, puedes estar seguro de que tampoco lo hará la resurrección de Lázaro.

En la actualidad, los que creemos en Jesús tenemos todas las llaves que necesitamos para abrir las puertas que dan al reino de los cielos: la verdad acerca de Jesús y de la salvación que se nos revela en las Escrituras. Pero como ya indiqué, Dios no te va a forzar a hacer nada. Eres tú quien tienes que decidirte a aceptar el sacrificio que hizo Jesús cuando murió en la cruz para quitarte tus pecados. Eres tú el que necesitas pedir que ese perdón se aplique a tu persona. ¿Has clamado a Jesús para pedirle que te perdone y te salve, no tanto que te salve del infierno y del alejamiento de su presencia, como que te salve para tener la vida que te quería dar desde el principio?

El proceso es sorprendentemente sencillo. Basta con decirle: «Sí, Dios mío, te escojo a ti». Muchas veces, casi quisiéramos que fuera más difícil. Sin embargo, no podemos encontrar la salvación con algo que nosotros hagamos. Y eso es lo que quería decir Jesús. Los logros, las obras y las riquezas del hombre rico no le hicieron bien alguno durante su vida en el intermedio. Mientras tanto, Lázaro, cuyo nombre significa «Dios, el Ayudador», confió únicamente en Dios, y terminó junto a Abraham. Lázaro no entró en el paraíso a causa de sus buenas obras, ni sencillamente por haber sido pobre; estaba allí, porque se había apoyado totalmente en la misericordia y la ayuda de Dios, que es lo esencial en el evangelio. Ninguno de nosotros puede hacer eso por su propia cuenta, pero Dios nos va a ayudar a alcanzarlo, si realmente lo deseamos.

Se trata de una decisión que debemos hacer en la vida presente. No podemos optar por no decidir nada, porque no decidir es básicamente decidirse por el rechazo. Por desdicha, aquí es donde se encuentran la mayoría de las personas que conozco. No rechazan abiertamente lo que Jesús les ofrece; simplemente, se limitan a pasarlo por alto. Pero si rechazas o ignoras lo que te ofrece Cristo, Dios respetará tu decisión de no acercarte a él para que haya una relación entre ambos. Cuando mueras, te vas a encontrar en el Hades, junto al hombre rico, esperando tu juicio definitivo.

Además, lo cierto es que vas a morir algún día. Todos vamos a morir. Hebreos 9.27 dice: «Está establecido que los seres humanos mueran una sola vez, y después venga el juicio». Cuándo llegará ese día para ti, es difícil decirlo. Podría ser hoy, tal vez mañana, quizás dentro de cincuenta años. Pero, de todas maneras, la gran pregunta es si cuando pongan tu obituario en el periódico local y quieras hacer un comentario sobre lo que se escribió en ella, ¿desde dónde estarás llamando?

Tú decides.

CAPÍTULO 3

¿Qué me sucederá si muero con Cristo?

MI EXPERIENCIA INICIAL EN EL ESQUÍ ACUÁTICO OCURRIÓ cuando tenía veinticuatro años. Estaba silenciosamente ansioso con respecto a la aventura. Solo pensaba en ponerme esos esquíes.

El primer intento terminó antes de comenzar. Un tirón de la lancha y la soga se me escurrió de las manos y me quedé plantado detrás. Al segundo intento, pude erguirme por un breve instante antes de caer de bruces para recibir un buen chorro de aquella turbia agua del lago por la nariz. Al tercer intento, mantuve la tensión en la forma debida para sacar el cuerpo del agua. Cuando mi cuerpo surgió por completo, me incliné un poco hacia atrás y hallé el equilibrio. ¡Lo había logrado! Estaba esquiando sobre el agua. Una amplia sonrisa apareció en mi rostro. ¡Había logrado mi meta!

Entonces me di cuenta. Había gastado toda mi energía y mi concentración en mi estrategia de entrada, pero ni siquiera pensé en una estrategia de salida. No tenía idea alguna sobre cómo terminar aquella experiencia. El miedo se apoderó de mí. La imagen de mi cuerpo caído y rebotando por encima del agua como una piedra lisa me vino a la mente. La visión de mis piernas levantadas por encima de mi cabeza mientras golpeaba la superficie del agua subia mi presión arterial.

Así que me aferré a la soga para luchar por mi vida, mientras la lancha seguía haciendo círculos en aquel pequeño lago. Los que estaban dentro de ella comenzaron a gritarme algo que yo no podía entender. Ya para entonces, tenía calambres en las manos y las piernas. ¿Cómo terminaría todo aquello? Tenía que terminar. Yo no me podía seguir aferrando a la soga para siempre. Les grité a los de la lancha que me hablaran más alto.

Ellos me gritaron a todo pulmón: «¡Suelta la soga!».

¿Que suelte la soga? ¡Deben haberse vuelto locos! ¿Qué me pasará si me doy por vencido y suelto la soga? Yo no lo sabía, porque nunca antes lo había experimentado. Así que me aferré con más fuerza aún, sin saber cómo terminaría aquello.

Con mucha frecuencia, la vida es como mi aventura con el esquí acuático. Usamos toda nuestra energía para enderezarnos y mantenernos de pie, pero no tenemos una estrategia para la salida. Sabemos que no podemos seguir viajando para siempre en este cuerpo, ya que terminará por agotarse, pero como no sabemos de qué manera termina el viaje, y tememos que nos va a doler, nos aferramos a la vida con todas las ganas. Woody Allen escribió: «No me importa morir; solo que no quiero estar presente cuando eso suceda».[1] ¡Me puedo identificar con esas palabras!

¿Cuál es la estrategia de salida para el cristiano? Si le digo que sí a Cristo en esta vida, ¿qué me sucederá cuando muera; cuando suelte la soga?

Recordemos del capítulo anterior que, en la vida, hay tres etapas:

- La vida presente: desde la concepción hasta la muerte.
- La vida en el intermedio: desde la muerte hasta el regreso de Cristo.
- La vida eterna: desde el regreso de Cristo hasta la eternidad.

Cuando muere una persona, tanto si ha creído en Cristo, como si no, pasa a la segunda etapa: la vida en el intermedio. No se trata del punto final de destino, sino de algo por lo cual todos debemos pasar. Ya vimos la terrible senda que sigue la persona que no recibe el don del perdón en esta vida. En esencia, el cuerpo de esa persona va a la tierra, mientras que su espíritu va a un lugar de espera llamado Hades, hasta que llegue el juicio definitivo. Esa persona se debería sentir fuertemente motivada a aferrarse con todas sus fuerzas a este cuerpo, porque las dos etapas siguientes van a ser devastadoras.

Ahora bien, ¿qué le sucede a la persona que sí ha recibido de una vez por todas el perdón de sus pecados por medio de Jesús? Lo cierto es que la Biblia no dice demasiado acerca de esto, más allá de la parábola acerca del hombre rico y Lázaro. El Antiguo Testamento parece guardar silencio sobre el tema de lo que les sucede a los justos en la etapa intermedia entre la muerte y la redención final por parte de Dios, y el Nuevo Testamento solo contiene unos pocos pasajes. Entonces, ¿dónde están las puertas de perla, las calles de oro y mi morada en el cielo?, me dirás. Lo siento. Recuerda: esas cosas van a existir en la vida eterna, pero no en esta etapa.

Del seno de Abraham al cielo

Veamos de nuevo la parábola de Jesús que aparece en Lucas 16. Como recordarás, mueren dos hombres: un hombre rico y Lázaro. El cuerpo del rico es sepultado y su espíritu va al Hades o infierno. El cuerpo de Lázaro también es sepultado, pero su espíritu va a un lugar situado junto al Hades, aunque con un abismo de por medio.

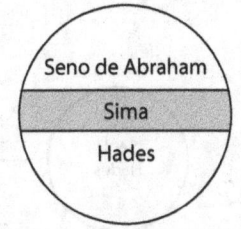

El Hades es un lugar de tormentos, mientras que el seno de Abraham es un paraíso renovador lleno de paz. El abismo que hay entre ambos lugares impide el pasar de uno a otro, aunque al parecer, los que están en el Hades pueden ver lo que hay en el lado de Abraham. No se nos dice que los espíritus que están del lado de Abraham puedan ver lo que hay en el Hades, lo cual tendría sentido. No tendría nada de apaciguador estar contemplando los tormentos, especialmente si conocemos a alguien que se encuentra allí.

Ahora bien, ten presente que la Biblia no es muy clara en cuanto a esto, pero esta es la conclusión a la que he llegado, porque armoniza con toda la historia de las Escrituras. Cuando pensamos en el más allá, tendemos a centrarnos solo en las personas que han vivido después de que Cristo terminó su obra en la cruz. Para tener una comprensión más completa, debemoss incluir como factor en nuestro modelo mental lo que les sucedió a los millones de personas que existieron antes del sacrificio de Cristo. ¿Dónde fueron, si es que fueron a algún lugar?

En el Antiguo Testamento, y hasta la crucifixión de Cristo, cuando moría una persona que había puesto su fe en Dios, su cuerpo era sepultado en la tierra y su espíritu iba al seno de Abraham. Ese era un lugar de descanso y de paz, pero aún no estaba en la presencia plena de Dios. ¿Por qué? Porque no bastaba la sangre de los animales sacrificados, que ofrecían los israelitas en el Antiguo Testamento para pedir el perdón de sus pecados de manera que fueran justos ante Dios.

Si no estás familiarizado con esa práctica del Antiguo Testamento, permíteme informarte al respecto. Durante los tiempos de Moisés, Dios incluyó en la ley la exigencia de que se sacrificaran animales como pago por los pecados

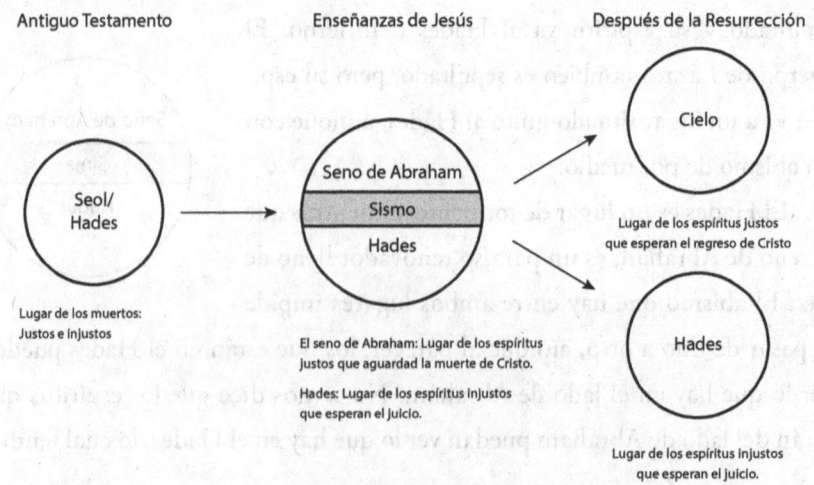

de Israel. Los sacrificios más importantes se ofrecían una vez al año, en el Día de Expiación o Yom Kippur. El sumo sacerdote recibió instrucciones concretas sobre el sacrificio de los animales machos sin mancha como propiciación, o pago satisfactorio por las ofensas o pecados cometidos contra el Señor. El pasaje siguiente presenta esta ley:

> «Este les será un estatuto perpetuo: Una vez al año se deberá hacer propiciación por todos los israelitas a causa de todos sus pecados».
> Y se hizo tal como el Señor se lo había mandado a Moisés.
> —Levítico 16.34

Pasemos ahora al Nuevo Testamento, después de la crucifixión de Cristo, y leamos Hebreos 10.1-4:

> La ley es sólo una sombra de los bienes venideros, y no la presencia misma de estas realidades. Por eso nunca puede, mediante los mismos sacrificios que se ofrecen sin cesar año tras año, hacer perfectos a los que adoran. De otra manera, ¿no habrían dejado ya de hacerse sacrificios? Pues los que rinden culto, purificados de una vez por todas, ya no se habrían sentido culpables de pecado. Pero esos sacrificios son un recordatorio anual de los pecados, ya que es imposible que la sangre de los toros y de los machos cabríos quite los pecados.

Todos los animales que morían, y toda la sangre que se derramaba sobre aquellos altares, solo eran una sombra previa de la muerte por la que pasaría en el futuro el Cordero de Dios, Cristo Jesús. Recuerda la proclamación que hizo Juan el Bautista sobre la llegada de Jesús: «¡Aquí tienen al Cordero de Dios, que quita el pecado del mundo!» (Juan 1.29). Su sacrificio sería el único que bastaría al fin para perdonarnos nuestros pecados de una vez y para siempre, y hacernos justos delante de Dios.

Sigamos leyendo:

Por eso, al entrar en el mundo, Cristo dijo:
«A ti no te complacen sacrificios ni ofrendas;
    en su lugar, me preparaste un cuerpo;
no te agradaron ni holocaustos
    ni sacrificios por el pecado.
Por eso dije: "Aquí me tienes —como el libro dice de mí—.
    He venido, oh Dios, a hacer tu voluntad."»

Primero dijo: «Sacrificios y ofrendas, holocaustos y expiaciones no te complacen ni fueron de tu agrado» (a pesar de que la ley exigía que se ofrecieran). Luego añadió: «Aquí me tienes: He venido a hacer tu voluntad.» Así quitó lo primero para establecer lo segundo. Y en virtud de esa voluntad somos santificados mediante el sacrificio del cuerpo de Jesucristo, ofrecido una vez y para siempre.

—Hebreos 10.5-10

Lo que queda claro aquí es que los sacrificios de animales hechos en el Antiguo Testamento no hicieron una reparación completa de las ofensas contra Dios: no expiaron los pecados de los creyentes. Sin embargo, hasta que llegó Jesús y su sangre se les pudo aplicar a ellos, los que morían no podían ser llevados de manera directa ante la presencia de Dios. Tenían que esperar. Y el lugar seguro donde esperaban era junto al espíritu de Abraham y de todos los demás creyentes cuyos cuerpos habían muerto.

Yo pienso que este es el mismo lugar al que Jesús se refirió cuando estaba en la cruz y le dijo al ladrón que estaba crucificado junto a él: «Te aseguro que hoy estarás conmigo en el paraíso» (Lucas 23.43).[2] Esto lo dijo el viernes, pero no resucitó sino hasta el domingo. Así que, de viernes a domingo, Jesús y el ladrón tuvieron que estar en alguna parte. ¿Dónde dijo Jesús que irían? Al paraíso.

El viernes, inmediatamente después de morir Jesús y el ladrón, hicieron su viaje juntos hasta el paraíso, o seno de Abraham, para sacar de allí a todos los que habían muerto y llevarlos directamente a la presencia de Dios.

¿Te puedes imaginar la escena? Jesús entra a aquel lugar, y les dice a todos los que habían muerto en el pasado, pero aún no se les había aplicado su sangre: «Yo he derramado mi sangre, y ahora les ha sido aplicada a ustedes. ¡Salgamos de aquí!». Entonces, los llevó a la presencia de Dios, porque al fin sus pecados habían sido pagados completamente de una vez por todas. ¡Qué triunfo tan asombroso! Y aquí es donde todos ellos siguen estando ahora: en la presencia de Dios; en el cielo.

No podemos tener seguridad en que esta haya sido exactamente la forma en que sucedieron estos acontecimientos, pero podemos observar que después de la resurrección de Jesús, la Biblia deja de mencionar el lugar superior del Seol y solo se refiere al Hades, el lugar inferior, donde se hallan los espíritus de aquellos que no creyeron en su vida presente, entre ellos el hombre rico de la historia relatada por Jesús. La ilustración siguiente te dará una sencilla imagen del progreso desde el Antiguo Testamento hasta el Nuevo.

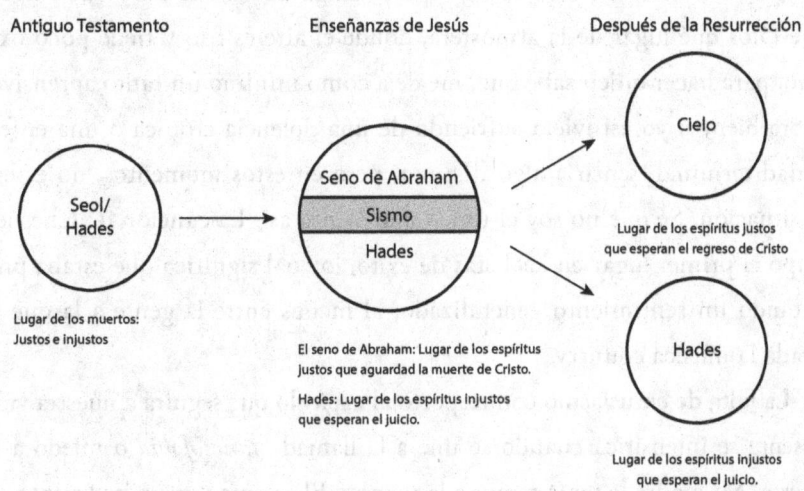

¿Dónde va el espíritu del que ha creído en Jesús en el segundo siguiente a su muerte, ahora que Jesús ha hecho el sacrificio definitivo? La Biblia solo dice que nuestros espíritus van a estar con el Señor. En el capítulo dos definimos la vida intermedia donde se encuentran los espíritus de los incrédulos como el alejamiento de la presencia misma de Dios y de la vida para la cual fueron creados, mientras esperan su juicio definitivo.

A continuación tenemos la definición bíblica de la vida intermedia para el creyente: estar en la presencia de Dios, mientras esperamos nuestro cuerpo resucitado y la vida para la cual fuimos hechos.

Gracias sean dadas a Jesús por este maravilloso regalo.

«Todos quieren ir al cielo, pero nadie quiere ir ahora»

Como te confesé en la introducción, te vuelvo a repetir de nuevo avergonzado, en el espíritu de la canción country lanzada por Kenny Chesney en el año 2008: «Todos quieren ir al cielo, pero nadie quiere ir ahora...» y eso me incluye a mí.[3] La idea de que mi espíritu salga de mi cuerpo y vuele hacia sabe Dios qué lugar de la atmósfera, donde el aire es frío y tiene poco oxígeno, para hacer quién sabe qué, me deja como mínimo un tanto aprensivo. Ahora bien, si yo estuviera sufriendo de una dolencia crónica o una enfermedad terminal, sentiría algo distinto, pero en estos momentos, no es esa mi situación. Sé que no soy el único que piensa así. La canción de Chesney ocupó el primer lugar en las listas de éxito, lo cual significa que estaba presentando un sentimiento generalizado; al menos entre la gente a la que le agrada la música country.

La falta de entusiasmo con respecto al capítulo que seguirá a nuestra vida presente se intensifica cuando se une a la llamada *tanatofobia* o miedo a la muerte. Mi madre le tenía temor a la muerte. El sesenta y ocho por ciento de los habitantes de Estados Unidos tiene miedo a morir y ese temor solo cede el primer lugar a la llamada *glosofobia* o miedo a hablar.[4] En cierto sentido, hasta el apóstol Pablo tenía miedo a morir o, al menos, veía algunas de las cosas que se pueden sentir como desconcertantes en cuanto a pasar de la vida presente a la vida en el intermedio.

Yo, que soy un reverendo, ¿cómo armonizo con mis creencias esta actitud tan *ir*reverente? He hallado una comprensión y un consuelo muy grandes en las enseñanzas y la sincera confesión que presenta Pablo en 2 Corintios 4 y 5.

Pablo les escribió esta carta a los creyentes que se reunían en la antigua ciudad de Corinto. Cuando escribió 2 Corintios, ya estaba entrado en años. Lo habían flagelado por su posición con respecto a Cristo. Lo habían encarcelado numerosas veces. Estaba totalmente agotado; su cuerpo no podía más. Cada vez se le hacía más difícil aferrarse a la soga para permanecer de pie. Y, sin embargo, lo hizo. ¿Cómo? A base de mantener los ojos centrados en lo que él sabía que le vendría. Pablo miró hacia el final de sus sufrimientos y proclamó que «aquel que resucitó al Señor Jesús nos resucitará también a nosotros con él y nos llevará junto con ustedes a su presencia» (2 Corintios 4.14).

El apóstol creía en la resurrección física del cuerpo de Jesús. Todo creyente debe aceptar el hecho de que es cierto que eso sucedió; de lo contrario, Jesús no es quien dijo ser: Dios. Pablo dijo que eso forma parte esencial de nuestra confesión: «Si confiesas con tu boca que Jesús es el Señor, y crees en tu corazón que Dios *lo levantó de entre los muertos*, serás salvo» (Romanos 10.9, énfasis del autor).

Efesios 1.19-20 explica que el Espíritu Santo resucitó el cuerpo muerto de Jesús y lo sacó de la tumba y que, de acuerdo con eso, Dios promete que su Espíritu Santo también va a resucitar los cuerpos de aquellos que creyeron durante la vida presente (1 Corintios 15). Sin embargo, eso no nos sucederá a nosotros hasta que lleguemos a la vida eterna. Sí, es glorioso mirar al futuro, si mantenemos en nuestra mente la visión a largo plazo. De hecho, el conocimiento y la fe en la resurrección de nuestros cuerpos le daban a Pablo una gran esperanza y un gran consuelo ante la muerte. Esto es lo que escribió:

> Por tanto, no nos desanimamos. Al contrario, aunque por fuera nos vamos desgastando, por dentro nos vamos renovando día tras día. Pues los sufrimientos ligeros y efímeros que ahora padecemos producen una gloria eterna que vale muchísimo más que todo sufrimiento. Así que no nos fijamos en lo visible sino en lo invisible, ya que lo que se ve es pasajero, mientras que lo que no se ve es eterno. De hecho, sabemos que si esta tienda de campaña en que vivimos se deshace, tenemos de Dios un edificio, una casa eterna en el cielo, no construida por manos humanas.
>
> —2 Corintios 4.16—5.1

Nuestro cuerpo se va desgastando a diario. ¿Eres capaz de decir «amén»? Esto solo es una realidad de la vida. Sin embargo, a medida que crecemos en Cristo, Pablo nos dice que nuestro espíritu se puede ir fortaleciendo cada vez más. La estrategia que vendría en segundo lugar para superar los efectos del envejecimiento consiste en dieta y ejercicio. Ahora bien, la que ocupa el primer lugar es la estrategia del crecimiento espiritual, de hacernos cada vez más sanos en nuestro interior.

Debemos hacer todo lo que podamos para cuidar de nuestro cuerpo (1 Corintios 6.19-20), pero al final, el tiempo hace sus estragos. Yo me estoy esforzando lo más que puedo por hacer que este proceso sea lo más lento posible, pero me es imposible detenerlo. No solo me estoy haciendo viejo, sino que hasta mi estatura va en descenso. En algún momento entre la escuela secundaria y hoy, he perdido como tres centímetros de estatura. ¡Ah!

La muerte terminará acabando con este cuerpo perecedero que heredamos de Adán. En cambio, a medida que crezcamos espiritualmente y conozcamos a Dios mejor, veremos que él tiene un plan para nosotros. Su plan supera todo el sufrimiento, incluso la muerte física; todo lo que pasamos en la vida presente. Es un plan en el cual gana el amor y nosotros vivimos para siempre. El día que Cristo vuelva, cada uno de nosotros recibirá un cuerpo nuevo, un cuerpo resucitado que no puede perecer. Cuando fijamos los ojos en esta promesa, los problemas temporales que tenemos en la vida presente nos parecen insignificantes en comparación. Porque, cualesquiera que lleguen a ser nuestras circunstancias, sabemos que no es así como termina nuestra historia. Un día recibiremos el alivio a nuestro sufrimiento. El que ha creído en Jesús puede consolarse en esta esperanza.

Ahora bien, ¿qué decir con respecto a la vida en el intermedio? ¿Qué es lo que más nos desconcierta de esa etapa cuando pensamos en la muerte y la vida después de la muerte? Es muy importante esto que escribió Pablo:

> Mientras tanto suspiramos, anhelando ser revestidos de nuestra morada celestial, porque cuando seamos revestidos, no se nos hallará desnudos. Realmente, vivimos en esta tienda de campaña, suspirando y agobiados, pues no deseamos ser desvestidos sino revestidos, para que lo mortal sea absorbido por la vida. Es Dios quien nos ha hecho para este fin y nos ha dado su Espíritu como garantía de sus promesas.
>
> —2 Corintios 5.2-5

Según Pablo, en ese «mientras tanto», mientras esperamos el regreso de Jesús, cuando por fin recibiremos ese cuerpo nuevo, «suspiramos». Este lapso de tiempo cubre tanto la vida presente, en la cual nuestro cuerpo se está desgastando, como la vida en el intermedio, cuando nuestro espíritu deja atrás a nuestro cuerpo. Los creyentes anhelamos tener un cuerpo que no se desgaste hasta morir. Ansiamos tener un cuerpo que no tenga que enfrentarse con la enfermedad ni con la muerte. ¿Puedes imaginarte que te despiertes mañana sin temor alguno a que te vayas a enfermar o vayas a morir? ¡Ese es el gran premio que recibimos los seguidores de Jesús! Es la legendaria olla de oro al extremo del arco iris.

Ahora bien, ¿qué quiso decir Pablo con estas palabras: «Vivimos en esta tienda de campaña, suspirando y agobiados, pues no deseamos ser desvestidos sino revestidos, para que lo mortal sea absorbido por la vida»? Esta es la forma en que yo lo entiendo. Mientras estamos en esta «tienda de campaña» (nuestro cuerpo actual), vivimos con el temor de morir, porque cuando muramos, nuestro espíritu dejará nuestro cuerpo y se hallará esencialmente desnudo, sin la cobertura del hogar que era nuestro cuerpo físico. Esta experiencia de exposición al descubierto y a lo desconocido nos perturba. Yo mismo me siento así.

Oigo a menudo algún cristiano decir: «No le tengo miedo a la muerte». En cambio, Pablo dice: «¡Yo sí! ¡Mi espíritu no tiene ganas de quedarse desnudo!». Nosotros no tenemos experiencia alguna; ni siquiera un modelo mental de lo que es que nuestro espíritu viva fuera de nuestro cuerpo. No sé qué pensarás tú, pero yo siento una gran autenticidad y una gran libertad cuando me uno a Pablo para decir: «La muerte me causa pánico». Pablo no tenía ganas de morir, pero sí quería tener un cuerpo resucitado, esa tienda de campaña nueva e imperecedera en la que viviría su espíritu para siempre. La cuestión está en que ninguno de nosotros recibe ese cuerpo nuevo en el mismo momento de su muerte, sino que debe esperar hasta que Jesús regrese a la tierra. En esencia, la vida en el intermedio es para el creyente un tiempo en el cual su alma existe sin un cuerpo.

Este tiempo intermedio nos puede causar algo de perplejidad en el punto de la vida presente en que nos encontremos. Sin embargo, se supone que debemos esperarlo con ansias. Esto me recuerda una anécdota que escuché en una ocasión.

Un día, un sacerdote muy deseoso de triunfar en su ministerio entró a la taberna de su pueblo y le dijo al primer hombre que vio:

—Hijo, ¿quieres ir al cielo?

—Sí, Padre, claro que quiero.

—Entonces, ponte allí, al lado de esa pared —le contestó el sacerdote.

El hombre obedeció fielmente y se puso al lado de la pared.

Después, el sacerdote se acercó a otro hombre.

—Hijo —le dijo—, ¿quieres ir al cielo?

—¡Por supuesto! —le contestó el segundo hombre.

—Entonces, ponte allí, a lado de esa pared —le dijo el sacerdote, señalándole la pared.

Por último, el sacerdote encontró a un tercer hombre sentado en el bar, medio ebrio.

—Hijo —le dijo—, y *tú,* ¿quieres ir al cielo?

El tercer hombre, después de soltar un hipo, le dijo:

—No, señor... Eee-es decir, no... Padre.

—¿Qué? —dijo el sacerdote, estupefacto—. ¿Me estás diciendo de verdad que cuando te mueras, *no* quieres ir al cielo?

—Aaaah —masculló el borracho—. Cuando me *muera...* Bueno, sí, claro. Solo que yo pensaba que usted estaba tratando de llevarme allí *ahora* mismo.

¡La realidad es que nos gusta nuestra vida presente! Es la única que conocemos. Por eso, muchos tratamos de no pensar en la vida futura. Estamos contentos de tener una buena salida que esperar, pero ciertamente, ¡no queremos estar en el grupo de los que van hacia allá ahora mismo!

¿Cómo superó Pablo esta carga del temor a la muerte y a la desnudez que lo hacía gemir; esta vacilación en cuanto a querer dar el paso hacia la vida en el intermedio? Pablo concluyó todo este pensamiento con esta firme resolución:

Por eso mantenemos siempre la confianza, aunque sabemos que mientras vivamos en este cuerpo estaremos alejados del Señor. Vivimos por fe, no por vista. Así que nos mantenemos confiados, y preferiríamos ausentarnos de este cuerpo y vivir junto al Señor.

—2 Corintios 5.6-8

Pablo se sintió bastante emocionado al escribir esas palabras y se preguntó cómo sería eso de estar realmente en la presencia de Dios, incluso sin cuerpo. Llegó a la conclusión de que, aunque la muerte produzca temor, y no tengamos experiencia directa de lo que es vivir sin cuerpo, estar con Dios en espíritu es siempre mejor que estar lejos de él con un cuerpo físico. Esta convicción la confirmó cuando les escribió desde la prisión a los creyentes de Filipos:

> Porque para mí el vivir es Cristo y el morir es ganancia. Ahora bien, si seguir viviendo en este mundo representa para mí un trabajo fructífero, ¿qué escogeré? ¡No lo sé! Me siento presionado por dos posibilidades: deseo partir y estar con Cristo, que es muchísimo mejor.
> —Filipenses 1.21-23

Pablo amaba la vida llena de propósito que llevaba en la tierra. Lo comprendo totalmente, porque yo también amo la mía. Pero él llegó a un punto en el que veía el estar lejos de su cuerpo y con el Señor, como algo «muchísimo mejor». Si lees de nuevo los dos pasajes anteriores, verás su secreto. Había apartado de sí mismo su enfoque para centrarlo en el hecho de estar con Cristo.

Considera esta anécdota:

Un hombre enfermo se tornó hacia su médico mientras se marchaba para salir del cuarto de exámenes, y le dijo: «Doctor, tengo miedo a morir. Dígame lo que hay al otro lado».

El médico le dijo en voz muy baja: «No lo sé».

«¿Que no lo sabe? Usted, un hombre cristiano, ¿no sabe qué hay al otro lado?».

En ese mismo momento, entró la familia del médico para visitarlo, y trajo consigo al perro de la casa. Al otro lado de la puerta cerrada se sintió el sonido de un perro que arañaba la puerta y gemía. Cuando el médico abrió la puerta para saludar a su familia, el perro saltó dentro del cuarto, le saltó encima al médico y se volvió loco con él.

El médico, volviéndose hacia su paciente, le dijo: «¿Viste lo que hizo mi perro? él nunca había estado en este cuarto antes. No sabía lo que había dentro. Lo único que sabía era que su amo estaba aquí; de modo que cuando se abrió la puerta, saltó sin temor a nada. Yo sé muy poco sobre lo que hay al otro lado de la muerte, pero sí sé una cosa... Sé que mi Amo está allí y con eso me basta».

Vamos a estar en la presencia de Dios y, Pablo dice que a fin de cuentas, eso es mejor que la vida en este cuerpo. ¿Dónde se hallan tus seres amados que confiaron en Cristo en esta vida? Aún no andan por las puertas de perla ni las calles de oro. Aún no tienen una morada. Lo más probable es que no estén jugando al golf, ni pescando, ni tejiendo, ni dedicándose a sus pasatiempos favoritos. Aunque no sepamos mucho acerca de ese lugar de descanso para la vida en el intermedio, conocemos a la Persona con la cual se encuentran. Están en los brazos de Jesús, esperando a que cumpla por completo su promesa. Están vivos y en un lugar mejor.

> LO QUE NOS ESPERA A LOS CREYENTES, NO ES TANTO UN LUGAR COMO UNA PERSONA.

En el capítulo inicial hablé de la muerte de mi madre. El cáncer de páncreas es una de las maneras más brutales y dolorosas de morir que he visto. Le fue sorbiendo literalmente la vida a mi madre momento a momento, hasta que físicamente, apenas quedaba nada de ella. El hecho de saber que ahora no solo está libre de ese sufrimiento y esa humillación, sino que nunca volverá a pasar por esa experiencia, me da un gran consuelo. Cuando me una a ella en el cielo, no estoy totalmente seguro de cómo será mi encuentro con su espíritu, pero sé que va a ser un gran reencuentro, y que juntos vamos a esperar ansiosos nuestros cuerpos resucitados, libres de la enfermedad y de la muerte.

Este mismo futuro es el que te espera a ti si depositas tu confianza en Jesús durante la vida presente.

Tal vez no te quieras ir hoy mismo al cielo. Está bien. Pablo estaba de acuerdo en que toda esa experiencia es un poco desconcertante. Sin embargo, a medida que crezcas en tu relación con Dios, tu anhelo por su presencia real va a crecer, como le pasó a Pablo. Sencillamente, la intimidad con Dios ahora es la ocupación más importante y eficaz de tu vida mientras te preparas para el siguiente capítulo. Pablo dijo que lo era para él: «Todo lo considero pérdida por razón del incomparable valor de conocer a Cristo Jesús, mi Señor. Por él lo he perdido todo, y lo tengo por estiércol, a fin de ganar a Cristo» (Filipenses 3.8).

A medida que tu cuerpo te vaya fallando, vas a llegar a ver la muerte y lo que sucede después de ella como algo bueno, porque lleva a un lugar mejor. Mientras tanto, no te apresures. La Biblia nos dice que Dios ha numerado nuestros días (Job 14.5; Salmos 139.16). Él lo sabe todo y tiene un buen plan para tu último día en ese cuerpo perecedero. Como creyente, no vivas en temor; no te desalientes. Cuando respires por última vez en tu cuerpo actual, debes saber que al instante vas a ser llevado a los brazos de Jesús.

Aquel día de verano en que estaba esquiando en el agua hace ya muchos años, terminé lográndolo. Solté la soga de los esquíes. ¿Qué sucedió? Mi cuerpo se hundió lentamente en el agua. El salvavidas me mantuvo a flote mientras el bote daba la vuelta para recogerme. Todo salió bien. La siguiente vez que lo hice no solo tuve una estrategia para la entrada, sino también otra para la salida.

La Biblia nos dice que la muerte es una experiencia de valle. Pero en algún punto del valle, Jesús va a venir a nuestro encuentro para acompañarnos el resto del camino (Salmos 23.4). La muerte es «sorbida en victoria» (1 Corintios 15.54). Cuando te llegue el momento de soltar la soga de la vida, descubrirás que todo va a estar bien.

No; bien no... ¡Mejor que nunca!

Preguntas y respuestas sobre la vida en el intermedio

Son muchas las preguntas que todos tenemos acerca del más allá. Mientras más clara sea nuestra visión, más ansiosos estaremos por recibir lo que Dios nos tiene reservado, lo cual es algo bueno. Pablo nos dice estas alentadoras palabras:

> Hermanos, no queremos que ignoren lo que va a pasar con los que ya han muerto, para que no se entristezcan como esos otros que no tienen esperanza.
>
> —1 Tesalonicenses 4.13

En los capítulos que ya has leído, he tratado de presentarte lo que la Biblia enseña de forma explícita acerca del más allá; en concreto, de ese tiempo que transcurre entre la muerte y nuestra restauración definitiva. Sin embargo, muchas veces tenemos otras preguntas adicionales, cuyas respuestas en realidad podrían estimular nuestra esperanza. En estos momentos, estoy tratando de satisfacer esa necesidad. Ten en cuenta que la Biblia no siempre responde de forma explícita estas preguntas, pero podemos llegar a algunas conclusiones no tan sólidas a partir de lo que nos enseña de forma implícita.

¿Existen los fantasmas?

Si partimos de nuestra definición de lo que es un *fantasma,* la respuesta es que sí. El diccionario Webster define *fantasma* como «un alma sin cuerpo, en especial el alma de un difunto de la cual se cree que habite en el mundo invisible, o que se aparece a las personas vivas».[1]

Ya sabemos que cuando morimos, nuestro cuerpo deja de funcionar, pero nuestro espíritu sigue vivo. A partir de una definición estricta, aunque no es la que yo prefiero, a estos espíritus se les podría llamar «fantasmas». La principal pregunta que tenemos entre manos es si los espíritus de aquellos que han fallecido visitan la tierra después de su muerte, interactuando con los que aún están vivos. En líneas generales, la Biblia enseña que los espíritus humanos se hallan en uno de estos dos lugares: o bien están con el Señor, en espera su resurrección corporal (2 Corintios 5.8), o están en el Hades, en espera de su juicio definitivo (Apocalipsis 20.13). Por tanto, los espíritus humanos no habitan en la tierra ni se mueven entre nosotros, aunque analizaremos en un momento la posibilidad de comunicarnos con ellos.[2]

Al parecer, los discípulos creían en la existencia de los fantasmas durante la relación que tuvieron con Jesús antes de su resurrección. Una noche, estaban en una barca y vieron que se les acercaba alguien caminando sobre el agua. Su primera inclinación fue creer que se trataba de un fantasma (Mateo 14.26).[3] Cuando Jesús se les apareció después de su resurrección, nuevamente supusieron que era un fantasma (Lucas 24.37). El relato que hace Juan de este suceso nos dice que ellos estaban reunidos a puertas cerradas por temor a los judíos, y Jesús apareció en aquella habitación en medio de ellos, sin que supieran por dónde habría entrado (Juan 20.19). Esta fue la respuesta de él: «¿Por qué se asustan tanto? —les preguntó—. ¿Por qué les vienen dudas? Miren mis manos y mis pies. ¡Soy yo mismo! Tóquenme y vean; un espíritu no tiene carne ni huesos, como ven que los tengo yo» (Lucas 24.38-39). Si al hablar de un *fantasma* nos estamos refiriendo a un espíritu, humano o angélico, entonces Jesús creía en ellos.

Pero estoy convencido de que los discípulos, a medida que crecieron en el conocimiento de la verdad, fueron llegando a la conclusión de que los espíritus angélicos sí existen y se mueven entre nosotros, pero que los espíritus humanos, aunque existen, habitan en el cielo o en el Hades durante la vida en el intermedio.

Para que la revelación sea completa, veamos un relato muy interesante que se desarrolla en 1 Samuel 28 y que habla, al menos en parte, de esa cuestión de los fantasmas. Cuando comienza la historia, vemos que el rey Saúl ha sido rechazado por Dios como rey ungido sobre Israel, debido a su persistente desobediencia. Al suceder eso, el Espíritu de Dios lo ha abandonado. El profeta Samuel le entrega personalmente ese mensaje a Saúl, confirmando que ha sido alejado del plan de Dios para Israel (1 Samuel 15.26-28).

En 1 Samuel 28, Saúl se enfrenta a una batalla con los filisteos y quiere oír del Señor, como solía hacerlo. Sin embargo, ya no puede oír al Señor directamente, de manera que acude a una médium, una espiritista, en un lugar llamado Endor, y le pide a esa hechicera que invoque al espíritu de Samuel, ya en ese entonces fallecido, para poder consultarlo. Renuente a hacerlo, la mujer termina aceptando invocar el espíritu de Samuel y, para sorpresa mía mientras estudiaba la Biblia para responder a esta pregunta, aparece el espíritu de Samuel.

El rey le pregunta a la médium qué ha visto. Al parecer, él no puede ver el espíritu de Samuel. Ella le contesta: «Veo un *espíritu* que sube de la tierra» (v. 13; énfasis del autor). Entonces Saúl le pregunta qué aspecto tiene, y ella le dice: «El de un anciano, que sube envuelto en un manto» (v. 14).

Las primeras palabras de Samuel son: «¿Por qué me molestas, haciéndome subir?» (v. 15). Es claro que Samuel no moraba en la tierra, pero fue llamado de su lugar de descanso. Basándonos en las enseñanzas de Jesús, supondremos que se refiere al seno de Abraham (Lucas 16.19-31). Después de eso, Saúl y Samuel sostienen una conversación en la cual este recapitula esencialmente todas las malas noticias que le había dado ya a Saúl la última vez que estuvieron juntos, en cuanto a que la unción del Señor le fue quitada a causa de su desobediencia. Entonces, la conversación llega a su fin.

A partir de este relato parece que, en ocasiones, la labor de los médiums puede ser real. No obstante, la Biblia nos advierte una y otra vez que nos mantengamos totalmente alejados de esa actividad en que se invocan los espíritus de los difuntos.

>«No acudan a la nigromancia, ni busquen a los espiritistas, porque se harán impuros por causa de ellos. Yo soy el Señor su Dios».
>
>—Levítico 19.31

El profeta Isaías nos hace la misma advertencia, acompañada de un gran consejo:

> Si alguien les dice: «Consulten a las pitonisas y a los agoreros que susurran y musitan; ¿acaso no es deber de un pueblo consultar a sus dioses y a los muertos, en favor de los vivos?».
>
> —Isaías 8.19

La práctica de los médiums puede ser muy real, lo cual me asusta en gran manera. Te recomiendo con todas mis fuerzas que te mantengas alejados de ella a toda costa. Está claro que el plan de Dios para los espíritus de los muertos que se hallan en el estado intermedio es que se mantengan durante ese tiempo en los lugares destinados a ellos; no que nosotros los invoquemos, como en el caso de Samuel. Si necesitamos información, si necesitamos verdad, se nos exhorta consultar a Dios. Si lo hacemos, nunca nos podrán apartar del camino recto.

Nuestros seres amados que están en el cielo, ¿velan sobre nosotros?

Para mí sería consolador saber que mi madre vela por mí desde el cielo. No estoy tan seguro de que sea igual de consolador para ella, teniendo en cuenta la agitación en que vive el mundo actual. Tal vez *esté* velando sobre mí, pero cuando entro a las páginas de las Escrituras, no puedo hallar evidencia alguna de que las personas que han muerto en el cuerpo, y cuyos espíritus están con el Señor, hayan recibido las mismas encomiendas que los ángeles en cuanto a ser espíritus ministradores.

Si lo pensamos, en el cielo no hay lágrimas, angustia, sufrimiento, preocupaciones ni temores. ¿Sería eso posible si nuestros seres amados nos estuvieran velando desde allí y vieran las cosas tan malas que están sucediendo en este mundo a causa del pecado? ¿Serían capaces de ver a sus seres amados sufrimiento o recibiendo daños sin preocuparse? Al mismo tiempo, si sus espíritus se preocuparan o se inquietaran por algo, lo que pienso que Dios haría sería informarles solo lo que ellos necesitan saber para mantenerlos en un estado de paz y de reposo. Puedes estar seguro de que, aunque la Biblia no dice nada de manera explícita, debemos confiar en que Dios se asegurará de que nuestros seres amados sean consolados, y les dará exactamente lo que ellos necesitan para tener una paz perfecta.

Una vez dicho esto, recuerda las siguientes verdades:

- Dios está velando sobre ti día y noche (Salmos 139.1-4).
- Nuestros seres amados están en un lugar mejor (Filipenses 1.23).
- Los veremos de nuevo y pasaremos la eternidad en su compañía (1 Tesalonicenses 5.10-11).
- Dios nos da a los que confiamos en él todo lo que necesitamos para la vida presente, así que no tenemos por qué perturbar a nuestros seres amados que nos han precedido (Filipenses 4.19).

¿Existe el purgatorio o el limbo?

Este es un concepto que enseñan primordialmente la Iglesia Católica Romana y la Iglesia Ortodoxa Griega. Hoy día, cuando una persona se dice que está en el «limbo» quiere decir que se encuentra atascada entre un lugar o una situación y el lugar o situación en la cual querría estar. Esta es la idea que hay tras ese concepto católico del purgatorio o el limbo. Un lugar adicional en la vida en el intermedio; en realidad, un estado de existencia. Allí, según se enseña, los que ya son salvos y se hallan en paz con la Iglesia, pagan la pena debida por sus pecados, o expresan lamento por ellos, con el propósito de purificarse y perfeccionarse, a fin de poder llegar a la presencia de Dios. La duración de su estadía en el purgatorio puede ir de unas pocas horas bajo circunstancias favorables o miles de años en unas condiciones semejantes a las del infierno.

Los líderes católicos no ven este lugar como un castigo divino, sino como un acto misericordioso de Dios. Sugieren que sin él, a la mayor parte de los que han creído en Cristo les sería imposible llegar jamás al cielo, a la presencia real de Dios. Aunque Cristo ha perdonado todos sus pecados, los creyentes se deben acercar a Dios continuamente para recibir ese perdón. Por eso se les recomienda a los católicos que acudan a la «confesión» todas las semanas.

Cuando estudié este concepto en fuentes católicas, noté que todos citaban escritos de los papas, de los catecismos y de los concilios de la Iglesia como autoridad a favor de esa doctrina. Hay un pasaje primario, tomado de un libro llamado 2 Macabeos, que se suele citar como el apoyo bíblico para este punto de vista. Si no estás familiarizado con 2 Macabeos, este libro forma, junto con otros quince, el grupo de los que nosotros llamamos «libros apócrifos». La Iglesia Católica acepta varios de estos libros, llamados «deuterocanónicos», en su canon de las Escrituras, mientras que la mayoría de las denominaciones protestantes no los aceptan.[4]

En 2 Macabeos 12, un líder judío llamado Judas recoge los cuerpos de unos cuantos soldados hebreos para darles sepultura. Descubre que los cadáveres tenían entre sus ropas diversos objetos consagrados a los ídolos, lo cual estaba prohibido, por lo que constituía pecado. Puesto que aquellos hombres habían muerto antes de poder confesar su pecado y hacer penitencia, Judas hace que sus hombres hagan súplicas a favor de los que han muerto, para que su pecado sea «contenido». Además, recoge entre sus hombres cerca de dos mil dracmas, que envía a Jerusalén para que allí se ofrezca un sacrificio por el pecado de los que han muerto. El versículo 45 dice: «Por esto hizo ofrecer ese sacrificio por los muertos, para que Dios les perdonara su pecado» (DHH).

Los católicos creen que los espíritus de los cristianos que mueren con pecados no resueltos no van directamente a la presencia de Dios, sino que van a un lugar o estado que llaman «purgatorio», el cual es básicamente un espacio intermedio para los creyentes, semejante al seno de Abraham, donde se les da la oportunidad de hacer expiación por los pecados que no habían confesado durante esta vida presente. Una vez que ha hecho suficiente penitencia, el creyente es llevado a la presencia de Dios para unirse a los otros santos. «Las ofrendas o los servicios prestados a la Iglesia, las oraciones de los sacerdotes y las misas mandadas a celebrar por los parientes o amigos de los fallecidos pueden acortar, aliviar o eliminar el tiempo de permanencia del alma en el purgatorio».[5] En esencia, los creyentes que están vivos pueden orar y pedirle a un sacerdote que ore en su nombre para acortar el tiempo de estancia de su ser amado en el purgatorio.

¿Qué pienso yo acerca de eso? Cuando desarrollamos una creencia cristiana, buscamos algo más que un texto aislado de las Escrituras como apoyo para la doctrina. Aunque yo aceptara 2 Macabeos como parte de las Escrituras inspiradas, me sería difícil crear un concepto firme del purgatorio a partir de ese único pasaje. Tal como lo entiendo, los católicos sostienen que las palabras oficiales de los papas, los credos y los catecismos aceptados que ha escrito su Iglesia y los concilios oficiales de ella, se hallan a la par con las Escrituras. Si se acepta esta idea, entonces sí hay muchas enseñanzas con autoridad que apoyan la idea de un purgatorio.

En cuanto a mí, aunque tengo gran respeto por el pensamiento y las enseñanzas del papa y de la Iglesia Católica en diversos aspectos, no pongo sus enseñanzas en el mismo nivel de autoridad que la Biblia. Por consiguiente, no encuentro evidencias suficientes que me sugieran la existencia de un lugar llamado «purgatorio», ni tampoco su necesidad. Pienso que este punto de vista subestima todo lo que hizo por nosotros la obra de Cristo en la cruz:

> Pero ahora Dios, a fin de presentarlos santos, intachables e irreprochables delante de él, los ha reconciliado en el cuerpo mortal de Cristo mediante su muerte.
>
> —COLOSENSES 1.22

Cuando mueren los cuerpos físicos de los cristianos, sus espíritus son *llevados* a la presencia de Cristo *santos, intachables e irreprochables*. En verdad, yo me merezco el infierno, e incluso el purgatorio si existiera, pero por la gracia de Dios, la justicia de Cristo me ha sido atribuida (Romanos 5.12-21).

¿Existen diferentes niveles en el infierno?

Mi primer encuentro con la *Divina comedia*, el poema escrito por Dante Alighieri en el siglo XIV, se produjo cuando estaba en la universidad. Esta alegoría épica recoge el recorrido de Dante por el infierno, el purgatorio y el cielo, guiado por Virgilio, el gran poeta romano de la antigüedad. La visión que presenta Dante sobre el infierno incluye nueve círculos concéntricos de sufrimiento, situados en el centro de la tierra. Dentro de esos círculos concéntricos existen veinticuatro subdivisiones. Una manifestación bastante compleja de la imaginación.

Cada círculo representa un nivel diferente de maldad al cual se dedicaron los que se hallan allí mientras estaban en la tierra, con un castigo correspondiente a la altura de la falta. Por ejemplo, los adivinos residen en un círculo. Durante toda la eternidad, deberán caminar hacia delante con la cabeza hacia atrás, incapaz de ver lo que tienen delante, porque trataron de ver el futuro por medios prohibidos.

¿QUÉ ME SUCEDERÁ SI MUERO CON CRISTO?

Estos son los círculos que presenta Dante en su idea de lo que es el infierno:

Círculo primero: *Limbo*
Círculo segundo: *Lujuria*
Círculo tercero: *Gula*
Círculo cuarto: *Avaricia*
Círculo quinto: *Ira*
Círculo sexto: *Herejía*
Círculo séptimo: *Violencia*
Círculo octavo: *Fraude*
Círculo noveno: *Traición*

Según Dante, Satanás mismo reside al final de este recorrido, donde se llevan a cabo los peores castigos.

Lo cierto es que todo esto me parece fascinante y perturbador al mismo tiempo. Esta es la clase de cosas que no me gusta leer o pensar antes de dormirme, no vaya a ser que su contenido se presente en mis locos sueños y me despierte en medio de la noche con un sudor frío. Ahora bien, la pregunta permanece: ¿Qué dice la Biblia?

Después de mirar detenidamente todos los pasajes concebibles, no puedo hallar contenido explícito alguno en cuanto a los diferentes niveles del infierno, tanto si hablamos del Hades como del lago de fuego. Una vez dicho eso, si llegamos al final y descubrimos que es cierto que existen niveles de castigo, no nos deberíamos sorprender. Permíteme presentarte mi razonamiento a partir de las Escrituras que se refieren a este tema.

- *Dios es justo.* Él ejecuta el castigo según el pecado cometido (Éxodo 21.23-25; Deuteronomio 25.2-3). Así es como Dios ejercía la justicia bajo la ley de Moisés. Es razonable que haga esto mismo en el tribunal final, en el juicio del gran trono blanco (Apocalipsis 20.11-15).

- *Puesto que los creyentes son recompensados de acuerdo a sus obras en la tierra, es razonable pensar que los incrédulos son castigados de acuerdo a sus obras también* (1 Corintios 3.8, 11-15; 2 Corintios 5.10; Colosenses 3.23-25).
- *La Biblia enseña que hay algo considerado como «un pecado más grande».* Jesús le dijo a Poncio Pilato durante su juicio: «No tendrías ningún poder sobre mí si no se te hubiera dado de arriba. Por eso el que me puso en tus manos es culpable de un pecado más grande» (Juan 19.11). Se estaba refiriendo a los líderes judíos. Le estaba diciendo que lo que ellos le habían hecho a él era un pecado más grande que el que cometería el propio Pilato.
- *La Biblia enseña que los que han recibido mayor revelación y la rechazan, serán castigados con mayor severidad que los que sabían menos* (Lucas 12.42-48; 2 Pedro 2.20-21). El escritor de Hebreos refuerza esta enseñanza de Jesús:

> Cualquiera que rechazaba la ley de Moisés moría irremediablemente por el testimonio de dos o tres testigos. ¿Cuánto mayor castigo piensan ustedes que merece el que ha pisoteado al Hijo de Dios, que ha profanado la sangre del pacto por la cual había sido santificado, y que ha insultado al Espíritu de la gracia? (Hebreos 10.28-29).

Con todos estos textos de las Escrituras reunidos, parece razonable decir que en el infierno hay grados de castigo. No obstante, la Biblia no desarrolla este tema de forma explícita, de manera que nosotros no debemos sostener esta idea de forma dogmática, sino como una opinión. De una cosa sí estoy seguro: *cualesquiera que sean los grados de castigo, el infierno es un lugar que debemos evitar a toda costa. Lo alentador es que Jesús pagó completo el precio.* Acepta su pago y nunca tendrás nada que ver con ese lugar.

¿Podemos ganarnos unas alas?

En la encantadora película *¡Qué bello es vivir!,* filmada en 1946, un ángel llamado Clarence baja para ayudar a George Bailey, en un esfuerzo por ganarse sus alas.[6]

¿De dónde procede la idea de que los espíritus humanos que están en el cielo tienen alas o se las ganan?

En la Biblia se dice de los entes angélicos llamados *querubines* y *serafines* que son seres alados. En Isaías 6, el profeta entra al templo y ve «al Señor excelso y sublime, sentado en un trono; las orlas de su manto llenaban el templo» (v. 1). A continuación, Isaías nos dice que ha visto a unos seres sobrenaturales llamado serafines, que tienen seis alas cada uno. No obstante, en ningún lugar de las Escrituras vemos que las tengan los espíritus humanos.

Según va la historia, Clarence era un hombre que había muerto, y más tarde se identificó a sí mismo como ángel (concretamente un ángel de segunda clase, ASC). Esto es simpático en la película, pero no es cierto en la realidad. En la Biblia, los seres humanos y los ángeles son dos clases de seres totalmente diferente, con dos historias también totalmente distintas. Unos ángeles tienen alas, lo cual nos maravilla; en cambio, nosotros los humanos hemos recibido la salvación, lo que maravilla a los ángeles (1 Pedro 1.10-12). Así que lo siento, Clarence, te quedaste sin alas.

LA VIDA ETERNA

CAPÍTULO 4

¿Qué sucederá si aún no he conocido a Cristo cuando vuelva?

La vida de Ron Williamson comenzó de una manera prometedora. Nacido en Oklahoma en 1953, era el menor de tres hermanos y el único varón. A su familia le llevó poco tiempo darse cuenta de que Ron tenía dotes de atleta. Aunque sobresalía en todos los deportes, el béisbol era su pasión. En 1971, durante su último año de secundaria, fue escogido en la segunda vuelta por los Atléticos de Oakland para jugar en su club de las ligas menores. Al cabo de unos pocos años, unas lesiones en el hombro desviaron su carrera ascendente, pero obtuvo otra oportunidad en 1976 con el club de reserva de los Yankees de Nueva York como lanzador. Debido a que no pudo recuperar la salud ni la fuerza de su hombro, sus aspiraciones en cuanto a la grandeza de las grandes ligas llegaron a su fin al año siguiente.

Ron, desanimado sin duda, regresó a Oklahoma para vivir con su madre. Pronto, la adicción a las drogas y al alcohol reemplazaron su pasión por el béisbol. La depresión y la enfermedad mental levantaron sus horribles cabezas para que su camino hacia el desespero fuera cada vez más veloz.

En 1988, Ron Williamson fue condenado por la violación y el asesinato de Debbie Carter y se le sentenció a la pena de muerte por sus crímenes. El juez dijo con la áspera voz de un árbitro: «¡Fuera!».

Durante los once años siguientes, Ron vivió cada día con el horror y la espera de su ejecución. Lo habían mandado al banquillo, pero no para salir del campo de juego, sino para morir.[1]

Para la persona que ha muerto sin llegar a conocer a Cristo como su Salvador personal, esperar su regreso es como estar sentada en una celda, condenada a muerte. Ya ha sido sentenciada a muerte por la decisión que tomó en la vida y ahora se halla en prisión, esperando una muerte más definitiva aún. Esto no es precisamente el mensaje inspirador que nos gusta escuchar de los escritores cristianos, pero es lo cierto y hace falta decirlo. Sin duda alguna, este es el capítulo más difícil que he escrito en mi vida. No escribo estas palabras a la ligera, ni de manera informal, sino con un gran cuidado.

Pasemos a las Escrituras para ver cómo se van a desarrollar los acontecimientos.

En Apocalipsis, Dios le dio al apóstol Juan una clara visión de lo que aún no ha llegado. Es como si Juan se hubiera sentado en un cine IMAX con unos lentes tridimensionales puestos.

Todo comenzó a moverse hacia una conclusión: el final de la vida tal como la conocemos en la tierra. He aquí la vívida descripción que hace Juan del día en que Cristo regresa a la tierra como guerrero y vencedor.

> Luego vi el cielo abierto, y apareció un caballo blanco. Su jinete se llama Fiel y Verdadero. Con justicia dicta sentencia y hace la guerra. Sus ojos resplandecen como llamas de fuego, y muchas diademas ciñen su cabeza. Lleva escrito un nombre que nadie conoce sino sólo él. Está vestido de un manto teñido en sangre, y su nombre es «el Verbo de Dios». Lo siguen los ejércitos del cielo, montados en caballos blancos y vestidos de lino fino, blanco y limpio. De su boca sale una espada afilada, con la que herirá a las naciones. «Las gobernará con puño de hierro». Él mismo exprime uvas en el

lagar del furor del castigo que viene de Dios Todopoderoso. En su manto y sobre el muslo lleva escrito este nombre:

Rey de reyes y señor de señores.
—Apocalipsis 19.11-16

En esa batalla, Jesús captura a los dos principales secuaces de Satanás: la Bestia y el Falso profeta. El siguiente personaje capturado es Satanás mismo, el archienemigo de Dios (la «serpiente antigua», Apocalipsis 2.9; 20.2). Hay varios puntos de vista sobre el momento en que esto tendrá lugar, pero no es pertinente para lo que nos proponemos.[2] Al final de todo, Jesús derrota a todos sus enemigos, incluido Satanás.

Vemos entonces el juicio final de los seres humanos, tanto los que hayan estado vivos al regresar Cristo, como los que ya estaban prisioneros en el Hades, puesto que ambos grupos rechazaron el perdón que les ofrecía Cristo, y la visión de Dios en cuanto al reino nuevo. Veamos más de cerca todo este pasaje.

El gran trono blanco: Jesús juzga las obras de los incrédulos

Luego vi un gran trono blanco y a alguien que estaba sentado en él. De su presencia huyeron la tierra y el cielo, sin dejar rastro alguno.
—Apocalipsis 20.11

Jesús vino por vez primera como un bebé vulnerable que fue acostado en un pesebre. Cuando venga por segunda vez, lo hará como guerrero y juez. Todas las malas obras que creíamos que se habían escurrido sin el conocimiento de Dios, y toda la maldad hecha en los lugares oscuros, serán puestas a la vista de todo el mundo; todas recibirán un veredicto y un castigo.

Este acontecimiento tiene tanta importancia y es tan grandioso, que «la tierra y el cielo huirán de su presencia». En mi mente no tengo modelo alguno para este suceso cataclísmico. La tierra y nuestra atmósfera, en esencia, habrán cumplido con su fin y llegarán a su final. ¿Estás como yo, un poco intimidado? ¡Eso es bueno! Me parece que esto es lo que Dios anda buscando. Sigamos leyendo:

> Vi también a los muertos, grandes y pequeños, de pie delante del trono. Se abrieron unos libros, y luego otro, que es el libro de la vida. Los muertos fueron juzgados según lo que habían hecho, conforme a lo que estaba escrito en los libros. El mar devolvió sus muertos; la muerte y el infierno devolvieron los suyos; y cada uno fue juzgado según lo que había hecho.
>
> —Apocalipsis 20.12-13

¿Recuerdas que el hombre rico está esperando en el Hades (Lucas 16)? Su hora ha llegado. Juan nos dice que todos los espíritus que han estado recluidos en el Hades, alejados de la presencia de Dios durante el estado intermedio, recibirán un cuerpo resucitado de alguna forma, y después comparecerán ante Jesús para que los juzgue oficialmente y con justicia. Gracias a Dios, ese juicio no es para los creyentes. Jesús lo dijo con claridad:

> Ciertamente les aseguro que el que oye mi palabra y cree al que me envió, tiene vida eterna y no será juzgado, sino que ha pasado de la muerte a la vida.
>
> —Juan 5.24

Pablo reafirmó esta enseñanza de Jesús en su carta a los Romanos:

> Por lo tanto, ya no hay ninguna condenación para los que están unidos a Cristo Jesús... ¿Quién acusará a los que Dios ha escogido? Dios es el que

justifica. ¿Quién condenará? Cristo Jesús es el que murió, e incluso resucitó, y está a la derecha de Dios e intercede por nosotros.

—Romanos 8.1, 33-34

Jesús ocupó nuestro lugar ante los tribunales hace dos mil años. Cuando compareció en un juicio ante Poncio Pilato y fue condenado a morir, toda la culpa de aquellos que ahora creemos quedó clavada en la cruz y pagada de una vez por todas (Romanos 3.21-26). Si has creído en Jesús, dedica un instante a permitir que esa verdad penetre en tu alma.

Ahora bien, ¿cómo van a ser juzgados los incrédulos? Los libros serán abiertos.

Los libros que contienen un registro detallado de todo lo que hizo cada persona en la tierra

Apocalipsis menciona dos colecciones de libros. El primero contiene una detallada relación de todo lo que ha hecho cada persona en todos los momentos de su vida, tanto lo bueno como lo malo. No hay una sola acción que se escape al conocimiento de Jesús. Es una especie de almacenamiento divino tipo iCloud, por así decirlo. Cuando llegue el momento del juicio, esos registros serán presentados como evidencia para condenar al acusado.

No se va a tratar de ver si las buenas obras pesan más que las malas o viceversa, como tantos parecen pensar. Después de treinta años de ser pastor, aún me sigue asombrando la cantidad de personas que creen que Dios nos va a dar una puntuación dentro de una especie de curva de distribución. Saben que han actuado mal, que han sido miserables y que han tratado mal a los demás, en particular a los más cercanos a ellos. Sin embargo, cuando sintonizan el noticiero nocturno y ven en él a terroristas y a secuestradores de niños, llegan a una conclusión: *Yo no soy tan malo como esa gente. Soy una buena persona. No he matado a nadie. Pago la mayoría de mis impuestos. De vez en cuando trabajo como voluntario en el refugio local para indigentes. No soy perfecto, pero me esfuerzo todo lo que puedo por ser bueno. No espero ganar el premio Madre Teresa pero, en general, me parece que me van a aprobar esa asignatura.*

Es posible que los funerales hayan ayudado a crear esa mentalidad. Aún no he oficiado un funeral, ni me he sentado en ningún culto en memoria de alguien, donde se proclame que el fallecido se negó a recibir a Cristo y que, por tanto, está en el infierno. En un intento por consolar a los familiares, los pastores pueden decir lo que ellos quieren escuchar: que su pariente se halla en los brazos de Jesús. La persona que asiste a ese servicio reflexiona en esas palabras y después suele llegar a una conclusión: *Si ese viejo maldiciente pudo entrar, con la forma en que vivió entonces yo, decididamente, voy a entrar por la puerta grande.*

Hace veinte años me prometí a mí mismo no seguir confundiendo a la gente de esa manera. Si no estoy seguro de la posición de esa persona ante Cristo, me limito a decir: «Si José estuviera aquí delante de nosotros, dado lo que él sabe ahora acerca del más allá, esto es lo que él querría que ustedes supieran». Entonces presento el evangelio desde las mismas Escrituras, plantando una base para la salvación y la necesidad de una decisión tan clara y llana como me sea posible. De esa manera, respeto a la familia sin desorientar a los asistentes.

La Biblia nos dice que una sola mala obra nos hace culpables y pone de manifiesto nuestra naturaleza pecadora, haciéndonos incapaces de unirnos en comunión eterna con Dios (Santiago 2.10). Todo el que afirme haber cometido solo una mala obra, ahora ha cometido por lo menos dos: la que admitió y la mentira que acaba de decir. En cualquier caso, todo el que se tenga que enfrentar al juicio ante el gran trono blanco, es culpable. No hay posibilidad de recurrir a la «duda razonable». Las evidencias son concluyentes.

Entonces, los ayudantes del juicio consultarán el otro libro que estará abierto ante el tribunal divino. Es el Libro de la Vida, en el cual se encuentran los nombres de todas las personas que aceptaron el perdón de Cristo en la vida presente. Si el nombre de una persona no se encuentra en ese importante libro, todos los libros serán cerrados, el martillo de Jesús, el Juez, descenderá para dar un golpe final, y el tribunal cerrará la sesión.

Lo que sucede después es terrible, pero es lo único que un Dios amoroso, justo y recto puede hacer:[3]

> La muerte y el infierno fueron arrojados al lago de fuego. Este lago de fuego es la muerte segunda. Aquel cuyo nombre no estaba escrito en el libro de la vida era arrojado al lago de fuego.
>
> —Apocalipsis 20.14-15

El lago de fuego: el destino final de Satanás, los demonios, la muerte, el Hades y los incrédulos

Con la excepción de una mención de tipo figurativo en la carta de Santiago, Jesús es el único que menciona este lugar por su nombre: *Gehenna* en griego. Tal vez esto se deba a que Jesús no solo lo vio, sino que lo creó con este propósito. En el Apocalipsis, Dios le da a Juan una visión de este lago ardiente de azufre para que la veamos por nosotros mismos.

Este es el punto de la película de terror en el cual muchos bajan la cabeza y se cubren los ojos con las manos para no tener que ver lo que sucede a continuación. Pero debemos verlo.

En Apocalipsis 20.10 se nos dice que el primero en ser lanzado al Gehenna es Satanás. En mi opinión eso es lo adecuado. Nadie tiene objeciones al respecto.

A continuación, son lanzados al lago de fuego la muerte y el Hades (v. 14). En esencia, se trata de la muerte tal como nosotros la conocemos. Muere la muerte. Estoy ansioso por estar allí y presenciar ese acontecimiento, a causa de todo lo que la muerte me ha quitado, y de todo el temor que ha creado en mí. Desde este punto de vista, la muerte ya no existirá.

Entonces el Hades, el lugar donde están retenidos los espíritus de los incrédulos en espera de su juicio, ya no será necesario; de manera que también será arrojado al lago de fuego ardiente. La vida en el intermedio habrá llegado a su fin. Todo lo que nos queda ahora es la eternidad, la vida eterna.

El último grupo que será arrojado al lago de fuego está formado por aquellos que rechazaron la visión de Dios sobre una vida eterna con él. Ya habrán sido juzgados de manera justa, según lo que han hecho, y habrán recibido su sentencia final, por muy doloroso que sea para Jesús hacer eso (2 Pedro 3.9).

¿Qué les sucede una vez que sus cuerpos entren en el lago? Hay dos puntos de vista sobre esto: el castigo eterno y la aniquilación.

El tormento eterno

En la actualidad, el punto de vista más aceptado es el del castigo eterno. Sin duda, ha sido la creencia dominante a lo largo de todo el siglo xx. El castigo eterno significa que el incrédulo sentenciado va a estar consciente eternamente y a vivir para experimentar una agonía eterna por haber rechazado la visión de Dios. No se trata solo de que no pueda participar en el reino de Dios, sino también de que va a sufrir tormentos constantes.

Aunque algunos creen que el Hades es el tanque contenedor intermedio, y no un lugar donde hay un fuego real, piensan que *este* lugar, el lago de fuego, *es* un lago de fuego real. En Apocalipsis 20.10 se nos dice, al menos con respecto a Satanás y su grupo, que «serán atormentados día y noche por los siglos de los siglos».

Por tanto, se supone que este será también el destino de los incrédulos. Esto es realmente aterrador.

¿Qué sucederá si aún no he conocido a Cristo cuando vuelva?

La aniquilación

Hay un segundo punto de vista que está ganando algo de terreno entre los cristianos de la actualidad, aunque no sea una idea nueva. La sostuvieron algunos de los antiguos padres de la Iglesia, como Ignacio de Antioquía, Ireneo de Lyon, Arnobio de Sicca y Atanasio de Alejandría, el Grande.[4] A este punto de vista se le suele dar el nombre de *aniquilación* o *inmortalidad condicional*.[5] Perdió fuerza con el surgimiento de las enseñanzas de Agustín de Hipona, el cual sostuvo la posición anterior; sin embargo, está resurgiendo.

La aniquilación sugiere que cuando el cuerpo entre en el lago, tanto el cuerpo como el alma dejarán de existir. Morirán de una vez por todas. Jesús nos advirtió: «No teman a los que matan el cuerpo pero no pueden matar el alma. Teman más bien al que puede destruir alma y cuerpo en el infierno» (Mateo 10.28). Este punto de vista sugiere que Jesús no solo puede hacer eso, sino que lo va a hacer con aquellos que hayan rechazado su ofrecimiento.

Juan le dio a eso el nombre de «la segunda muerte» (Apocalipsis 21.8). La primera muerte es la del cuerpo perecedero que recibimos de Adán.

Podríamos preguntar: «¿Cuántas veces tenemos que morir antes de morir realmente?».

Esta interpretación respondería: «Esto es lo definitivo; muerto es muerto».

El doctor Roger Olson, en su investigación sobre puntos de vista teológicos que califiquen como posiciones aceptables que se pueden sostener dentro de la ortodoxia cristiana, sugiere que esta es una de ellas.[6] En mi propio aprendizaje teológico se me enseñó que este punto de vista se hallaba al borde de la herejía. En la actualidad, aunque no sean muchos los teólogos que se inclinen hacia este punto de vista, ya no se considera herético hacerlo.

Yo no sé cuál de los dos puntos de vista, francamente, es el correcto. Te puedo decir que la aniquilación es la que quisiera que fuera la respuesta correcta. Tengo parientes y amigos que de alguna forma nunca invocaron el nombre de Jesús en la vida presente, y que van a estar en esa situación. Por la razón que fuera, rechazaron lo que Dios les ofrecía. No quisieron formar parte del reino eterno de Dios y ahora, sencillamente, él va a respetar su decisión. Puedo aceptar eso como totalmente amoroso y justo. Sin embargo, me es difícil imaginar que una gente a la que tanto amo sufra ese castigo por toda la eternidad.

Hay quienes se oponen a este punto de vista porque piensan que podría animar a las personas a rechazar a Dios, si saben que después de todo existe una salida o un final del castigo, si es que resulta que Dios existe de verdad. No obstante, debemos recordar que Dios no nos está salvando *del* infierno, nos está salvando *para* toda una vida eterna con él.

> NO PODEMOS DESARROLLAR NUESTRA TEOLOGÍA BASADOS EN LA FORMA EN QUE LA GENTE RESPONDA O NO A ELLA.

Si alguien recibe el perdón que Cristo le ofrece solo por evitar el castigo eterno, en realidad, no comprende lo que Dios le está ofreciendo, ni lo va a recibir. Dios quiere que los seres humanos lo escojamos a él y a la vida eterna con él. No podemos desarrollar nuestra teología basados en la forma en que la gente responda o no a ella.

En mi opinión, ambas opciones son posibles. Por supuesto, se acerca el día en el cual se revelará la verdad. En última instancia, ninguna de las dos opciones me parece particularmente deseable, pero se trata en ambos casos del «castigo eterno». ¿Qué piensas acerca de esto?

LA EXONERACIÓN DIVINA

Después de once años en espera de que se cumpliera su sentencia de muerte, a Ron Williamson le sucedió algo inesperado. Una prueba de ADN reveló que al fin y al cabo, él no había sido el que había violado y asesinado a Debbie. El culpable era un hombre llamado Glen Gore. Ron fue puesto en libertad.

¿Puedes imaginarte la primera mañana en que despertó como hombre libre y se dio cuenta de que ya no estaba en una celda, esperando el cumplimiento de su sentencia? Ya no tendría más pesadillas sobre el día en que le inyectaran una sustancia que le quitaría la vida. Ya no tendría que estar contando un día tras otro, con el temor de que se aproximaba el día final. ¡Todo había terminado!

Para Williamson se trataba de un hermoso cambio en su situación. Lo mismo sucede con aquellos que aceptan el ofrecimiento de Cristo.

Una noticia excelente para aquellos de nosotros que aún estemos respirando. En la vida presente aún tenemos la oportunidad de cambiar nuestro destino eterno. Jesús estuvo en el corredor de la muerte treinta y tres años. Desde la fundación del mundo, estaba decidido que sería ejecutado.

Nosotros cometimos delitos. Somos culpables. Pero Dios nos ofrece a ti y a mí una oportunidad única en la vida. Si aceptamos la oferta de Cristo en la vida presente, antes de morir, todos nuestros delitos, crímenes y malos actos le serán transferidos a Jesús. La prueba serán los libros de registro que hay en el cielo.

Cuando se abran esos libros, no habrá ningún pecado atribuido a nuestro nombre. El registro señalará que Jesús mismo fue convicto y ejecutado por esos crímenes.

Ron Williamson fue exonerado porque era inocente. Nosotros seremos exonerados, no por ser inocentes, sino porque Cristo ya pagó por nuestros crímenes.

Ten presente que ese ofrecimiento es válido únicamente si actúas antes de morir. Una vez que haya muerto el cuerpo, se habrá acabado la oferta. Pero si la aceptas ahora por fe, nunca tendrás que sentarte en el corredor de la muerte del Hades, ni vas a ser ejecutado. Al contrario, vas a vivir para siempre en la presencia de Dios, ese será el don más grande de todos. Es mucho más que una tarjeta para salir gratis de la cárcel; es una clave para un futuro que va a superar nuestras expectativas más grandiosas. Ven conmigo mientras nos sumergimos al fin en mi parte favorita dentro de todo este peregrinaje.

CAPÍTULO 5

¿Qué sucederá si ya conozco a Cristo cuando vuelva?

Tengo recuerdos maravillosos de mi niñez junto a mi madre. Ella procedía de una familia pobre del suroeste de Pensilvania. Se casó con mi padre a los dieciocho años y, cuando yo tenía tres años, se mudaron a Cleveland, Ohio, donde mi padre consiguió un trabajo con Caterpillar para el ensamblaje de montacargas.

Durante los años de mi niñez, mi madre nos amaba a mis tres hermanos y a mí, y se sacrificaba mucho por nosotros. Se gastaba todo su dinero y pasaba todo su tiempo con nosotros; apenas puedo recordar que hiciera algo para ella misma alguna vez. Así que, hace varios años, cuando finalmente estuve en posición de disponer de un pequeño margen financiero, la llamé para decirle que mi esposa y yo queríamos llevarlos a ella y a mi padre, a un viaje con todos los gastos pagados a las magníficas cataratas del Niágara, que están a dos horas y media de Cleveland por carretera.

Reservamos habitaciones en un opulento hotel de principios de siglo en el lado canadiense de la frontera, frente a las cataratas. Ella se iba a sentir abrumada e incómoda, porque creería que allí estaría fuera de lugar y que aquello era demasiado extravagante. Esa era precisamente la reacción que yo quería que tuviera.

Sin embargo, cuando la llamé unos meses antes para decirle lo que teníamos planificado, me dijo que no se estaba sintiendo bien. Al principio, pensé que solo estaba buscando la manera de no hacer el viaje. No obstante, a medida que fueron avanzando los meses siguientes, y su enfermedad empeoraba, comencé a preocuparme realmente. Fue entonces cuando decidí adelantarme a mi familia y tomar un avión para ir al lugar donde vivían mis padres, tal como ya sabes por el capítulo inicial, tres días antes de la fecha de llegada que teníamos programada.

Tres días más tarde, mi madre falleció con un cáncer de páncreas. Cancelamos el viaje solo dos días antes de la fecha señalada. Por fin estaba en condiciones de hacer algo especial para mi madre, como agradecimiento por todo lo que me dio cuando era niño, y perdí esta oportunidad para siempre, en un margen de dos días.

Me sentía devastado en varios sentidos. Aquel día, algo cambió en mí. Tal vez no fuera un cambio, sino un despertar de algo que ya había estado en mí todo el tiempo. Caí en una crisis, un estado de desesperación. De repente me di cuenta de que no tenía una visión de la vida en Cristo después de esta vida que fuera realmente persuasiva para mí. En cierto sentido, dudé si sería cierto que algo iba a suceder después de nuestra muerte. Es bastante incómodo hallarse en esa situación cuando se es el pastor de una iglesia grande. La gente suele esperar que uno crea en el cielo. Pero lo que he descubierto en el transcurso de mi caminar es que una confesión de fe procedente del corazón suele ir precedida por una confesión verbal de incredulidad.

Lo que echo más de menos por no poder estar con mi madre es el consuelo que siempre me daba. Tanto si estaba triste, como si estaba sufriendo, todo lo que tenía que hacer era recostar la cabeza en el lugar situado entre la suya y su hombro. Aquel era el lugar más seguro y más agradable de la tierra.

En los dos últimos días de la vida de mi madre, cuando no había nadie más en el cuarto, yo me metía con ella en la cama y ponía la cabeza en aquel cálido lugar de amor intenso, mientras las lágrimas se me escurrían por las mejillas. Yo había pensado que dispondría de más tiempo. Ahora estaba tratando de absorber toda una vida en solo dos días, inseguro de que nos volviéramos a ver jamás.

Después de que ella se marchó, volví toda mi atención los años siguientes al esfuerzo por hallar respuesta a mis interrogantes. ¿Qué decía realmente la Biblia acerca de «lo que viene después»? Estaba ansioso de recibir una visión fresca que no fuera diluida por el meloso charloteo que se oía en los funerales.

Una visión de las cosas futuras

Pablo cita a Isaías en su Primera Carta a los Corintios:

> «Ningún ojo ha visto,
> ningún oído ha escuchado,
> ninguna mente humana ha concebido
> lo que Dios ha preparado para quienes lo aman».
>
> —1 Corintios 2.9

En los años que pasé sentado en las bancas de las iglesias, escuché a numerosos pastores y cantantes que, al presentar los cantos, citaban este versículo y decían: «Hermanos, sencillamente no tenemos ni idea de lo que Dios nos tiene reservado». Pero por alguna razón, nunca leíamos el versículo siguiente, que decía: «Dios nos ha revelado esto por medio de su Espíritu» (1 Corintios 2.10).

Es posible que la visión plena de lo que hay después de esta vida haya estado escondida del pueblo del Antiguo Testamento pero ahora, por medio de Cristo y con la iluminación del Espíritu Santo, las Escrituras del Nuevo Testamento revelan una vívida visión de lo que ha de venir «para quienes lo aman». Dios ya nos ha dicho lo que va a suceder.

Sin embargo, antes de entrar con mayor profundidad en esta visión, revisemos lo que hemos descubierto juntos acerca del paso de nuestro espíritu a través de las etapas de la vida hasta este punto.

Cuando nosotros muramos, y llegue a su fin la vida presente, nuestro espíritu irá a estar con el Señor, dejando atrás a nuestro cuerpo físico para que sea sepultado o incinerado (de esto hablaremos más adelante). No sabemos mucho acerca de la vida en el intermedio, nuestro estado intermedio, pero sí sabemos que es buena para el que ha creído en Jesús. En esta etapa estamos esperando que se cumpla la promesa definitiva de Jesús, que comenzará cuando él regrese a la tierra. En mi opinión, aquellos que están en estos momentos en el cielo con Dios, están viviendo fuera del espacio y del tiempo. No tienen una sensación real del paso del tiempo, lo cual no significa que su vida está transcurriendo en medio del aburrimiento día tras día, mientras estos espíritus, ahora desnudos, esperan a que Cristo haga lo que le corresponde. La gente que está en el cielo se halla en realidad en un estado del ser, no tanto en un espacio temporal. Voy a dejar que reflexiones sobre esto por un momento.

Sin embargo, cuando Cristo haga lo que ha prometido y vuelva de nuevo a la tierra, nosotros entraremos en la vida eterna, la etapa final, lo cual sirve de catalizador a una serie de transformaciones asombrosas. En Apocalipsis 21 y 22, los dos últimos capítulos de la Biblia, se nos presenta una hermosa y clara visión de lo que vendrá en esos días. Permíteme hablarte de los datos más cruciales, las cuatro cosas que descubrí mientras andaba en busca de la verdad y que me emocionan de manera indecible con respecto a lo que vendrá entonces.

Primer descubrimiento: Vamos a recibir un cuerpo nuevo.

Esto es algo sumamente grandioso. Es aquello sobre lo cual los escritores del Nuevo Testamento se emocionaban casi cada vez que se traía a colación el tema de la vida después de esta existencia. La esperanza suprema para el creyente no se encuentra en morir e ir al cielo como un ser espiritual, sino en recibir un cuerpo resucitado, tal como lo recibió Jesús.

Roger Olson hace esta emotiva observación:

> Sería imposible descubrir ningún otro punto en el que haya mayor acuerdo en la historia del pensamiento cristiano, que este: *la resurrección corporal futura de los muertos es la bienaventurada esperanza de todos los que estamos en Cristo Jesús por medio de la fe.* Durante dos milenios, los líderes de la Iglesia y sus teólogos fieles han enseñado esto de manera unánime por encima de la inmortalidad de las almas y como más importante que algún estado intermedio etéreo entre la muerte corporal y la resurrección también corporal cuando Cristo vuelva. Y sin embargo... tal parecería que la gran mayoría de los cristianos no saben esto y descuidan la fe en una resurrección corporal a favor de la creencia en una existencia espiritual inmediatamente después de la muerte como seres semejantes a fantasmas (¡o incluso ángeles!), «para siempre con el Señor en el cielo».[1]

Todo el capítulo de 1 Corintios 15 lo presenta en detalle. Escucha estas palabras:

> Lo cierto es que Cristo ha sido levantado de entre los muertos, como primicias de los que murieron. De hecho, ya que la muerte vino por medio de un hombre, también por medio de un hombre viene la resurrección de los muertos. Pues así como en Adán todos mueren, también en Cristo todos volverán a vivir... Les declaro, hermanos, que el cuerpo mortal no puede heredar el reino de Dios, ni lo corruptible puede heredar lo incorruptible. Fíjense bien en el misterio que les voy a revelar: No todos moriremos, pero todos seremos transformados, en un instante, en un abrir y cerrar de ojos, al toque final de la trompeta. Pues sonará la trompeta y los muertos resucitarán con un cuerpo incorruptible, y nosotros seremos transformados. Porque lo corruptible tiene que revestirse de lo incorruptible, y lo mortal, de inmortalidad. Cuando lo corruptible se revista de lo incorruptible, y

lo mortal, de inmortalidad, entonces se cumplirá lo que está escrito: «La muerte ha sido devorada por la victoria».

—1 Corintios 15.20-22, 50-54

El cuerpo que tiene cada uno de nosotros en el presente procede del primer Adán. Es perecedero y debe morir. Y vaya que lo hace. Cuando Cristo caminó sobre la tierra, tenía un cuerpo procedente del primer Adán que era obviamente perecedero; de lo contrario, no habría muerto en la cruz. Cuando resucitó de entre los muertos tres días más tarde, recibió un cuerpo resucitado que es imperecedero. Esta es la esperanza del que ha creído en Jesús.

Veamos de nuevo, sin embargo, las palabras de Pablo. Esta operación no se produce cuando muere el primer cuerpo, sino «al toque final de la trompeta». Esto se refiere a Jesús viniendo por segunda vez para reclamar a los suyos. En ese momento, los muertos resucitarán con un cuerpo imperecedero y, en cuanto a aquellos que aún estemos vivos, nuestro cuerpo terrenal será transformado en uno inmortal.

Segundo descubrimiento: El destino final de los creyentes no es allá arriba, sino aquí abajo.

Dios va a hacer de nuevo lo que hizo en Génesis 1—2. Esa es la razón por la cual el tema de los dos primeros capítulos de la Biblia es tan parecido al de los dos últimos. Dios va a crear *un cielo nuevo y una tierra nueva* (Apocalipsis 21.1). En realidad, la historia de la humanidad no forma una línea recta, sino que es un círculo que gira hasta llegar al punto donde comenzamos: la visión original que tenía Dios.

Cuando llegue a su final todo aquello que consideramos como los tiempos del fin, viviremos en una tierra nueva y será un lugar real. Tengo un modelo mental de eso. Mientras estoy escribiendo este capítulo, me encuentro en un crucero, navegando desde Belice, de vuelta a Houston. El sol brilla en el cielo.

El agua es azul. Sopla una brisa suave. El día anterior estuve con mi esposa, mi hijo y mi nuera en un magnífico bosque tropical en la isla de Roatán, en Honduras, y ahora volvemos a casa, a los hermosos campos llenos de colinas que hay al norte de San Antonio, Texas, donde Dios hizo parte de sus mejores maravillas. Me encanta vivir en la tierra. Y lo asombroso es que la tierra nueva va a ser más maravillosa aún que la actual. Dios lo hizo una vez; yo creo que lo puede hacer de nuevo. Va a eliminar todo lo malo, así que estoy listo para el cambio ahora mismo.

Si yo fuera solo un ser espiritual y un ángel me describiera la tierra como una gran esfera redonda suspendida en medio del espacio rotando alrededor de un gran globo de fuego, junto con un conjunto de esferas redondas más hechas de materia, me costaría trabajo creer que algo tan espectacular haya podido ser creado de la nada. Si me hablaran de las asombrosas complejidades que existen en la tierra y en los cielos para crear un orden y un equilibrio así, todo me parecería demasiado inverosímil. Pero lo he visto con mis dos ojos, y he experimentado su grandeza durante más de medio siglo. No solo creo que Dios lo puede hacer de nuevo, sino que me siento muy emocionado ante tal perspectiva.

Tengo el cuidado de no llamar «cielo» a ese estado final. Cuando la mayoría de las personas con las que hablo piensan en la palabra *cielo*, lo que les viene a la mente es un lugar en lo alto del firmamento o en la atmósfera, donde vamos a pasar toda la eternidad. El lugar donde permanecen nuestros espíritus en la vida intermedia delante de la presencia de Dios mientras esperamos el regreso de Cristo a la tierra y nuestros cuerpos resucitados, se llama «cielo», pero recuerda que aquello que vendrá en la vida eterna es diferente y separado de ese espacio intermedio. Para mantener distinta y fresca esa visión de Dios, me agrada referirme a ella como la tierra nueva o el reino nuevo. Tal vez podamos pensar en eso de esta forma: cuando muramos, iremos al cielo; cuando Cristo regrese, traerá consigo el cielo a una tierra totalmente nueva.

Tercer descubrimiento: Dios no se va a quedar allá arriba, sino que va a venir aquí abajo...

...para estar con nosotros como estaba con Adán y Eva; para caminar con nosotros a la hora en que el día comienza a refrescar (Génesis 3.8). Apocalipsis 21.3 nos dice: Oí una potente voz que provenía del trono y decía: «¡Aquí, entre los seres humanos, está la morada de Dios! Él acampará en medio de ellos, y ellos serán su pueblo; Dios mismo estará con ellos y será su Dios».

En estos momentos siento la presencia de Dios en mi vida; de veras, oro casi sin cesar. Siento que está conmigo y en mí, porque lo está (Mateo 28.20; Juan 14.16). Sin embargo, tener a Dios aquí con nosotros, donde lo podemos ver, ciertamente es una drástica mejora, si me preguntas mi opinión. Apunta a la restauración final de la relación que Adán y Eva rechazaron hace ya tanto tiempo.

Sinceramente, no me puedo imaginar lo que sería encontrarme con Jesús cara a cara. He estado en Israel, caminado por los lugares por donde él caminó. He hecho un viaje en barco por el mar de Galilea, donde él calmó las olas y caminó milagrosamente sobre el agua durante la tormenta (Mateo 14.22-34; Marcos 6.45-53). Eso es lo más cercano que he estado de saber lo que debe haber sido vivir al mismo tiempo que Jesús caminaba aquí sobre la tierra. Pero en los días próximos, cuando todo haya sido hecho nuevo otra vez, me podría encontrar con él, darle la mano, abrazarlo, compartir una comida con él y escucharle enseñar en vivo.

Entonces, espero encontrarme con el Padre y el Espíritu Santo. ¿Tendrán un cuerpo físico, tal como Jesús? ¿Los podré tocar y sentir su respiración sobre mi rostro mientras hablo con ellos? Ahora mismo siento latidos en la cabeza, mientras me doy cuenta de que todas las imágenes que he tenido del Padre van a ser alteradas cuando llegue la realidad. Me parece que nos espera una gran sorpresa; solo que no estoy seguro del aspecto que tendrá. Llegar a estar cara a cara frente al Amor puro, eso sí que va a ser algo muy especial.

Cuarto descubrimiento: Dios formará una inmensa ciudad nueva superior a cuanto nos podamos imaginar, donde viviremos con él en la tierra nueva.

Pensemos en la descripción de la ciudad nueva de Dios que aparece en la visión de Juan (lee esto detenidamente):

> Después vi un cielo nuevo y una tierra nueva, porque el primer cielo y la primera tierra habían dejado de existir, lo mismo que el mar. Vi además la ciudad santa, la nueva Jerusalén, que bajaba del cielo, procedente de Dios, preparada como una novia hermosamente vestida para su prometido. Oí una potente voz que provenía del trono y decía: «¡Aquí, entre los seres humanos, está la morada de Dios! Él acampará en medio de ellos, y ellos serán su pueblo; Dios mismo estará con ellos y será su Dios. Él les enjugará toda lágrima de los ojos. Ya no habrá muerte, ni llanto, ni lamento ni dolor, porque las primeras cosas han dejado de existir».
>
> El que estaba sentado en el trono dijo: «¡Yo hago nuevas todas las cosas!» Y añadió: «Escribe, porque estas palabras son verdaderas y dignas de confianza».
>
> —APOCALIPSIS 21.1-5

¿No te parece increíble? «Las primeras cosas han dejado de existir». Pienso en todas esas veces en que, tras pasar por un desaliento o una tragedia inevitable, les he dicho a mis hijos o a la gente que pastoreo: «Así es la vida». En la ciudad nueva de Dios no necesitaré usar esta frase. La tragedia y el desaliento no habitarán en la tierra nueva. En el orden de cosas antiguo, las familias se destruían, se aplastaban los espíritus de los adultos y se alteraba la confianza de los niños. Las cosas no van a ser así en el orden nuevo bajo Cristo.

El ochenta y ocho por ciento de las personas sufren de ansiedad al preocuparse por cosas relacionadas con la salud que nunca van a suceder,[2] pero en los días venideros no habrá necesidad preocuparse. En nuestras moradas nuevas no podrán suceder cosas malas. El miedo que sobrecoge ahora a una persona a la cual se le da un amedrentador diagnóstico, que tiene el cuerpo lleno de cáncer, que está sufriendo el inicio del Alzheimer, o que un hijo o una hija suya se halla en la primera fase de Esclerosis Lateral Amiotrópica, ya no va a ser un factor de la vida. Nunca más esas terribles noticias se van a producir en la manera nueva de vivir. Van a ser secadas esas lágrimas incontrolables que ruedan por el rostro de un niño, de un cónyuge o de un amigo cuando presencia el momento en que un ser al que tanto han amado lanza el último suspiro. Ya no nos tendremos que seguir preguntando cómo vamos a seguir viviendo sin esa persona.

No sé qué pensarás tú, pero yo estoy listo para que el dedo índice del mismo Jesús me quite todas las lágrimas de los ojos.

Ahora sigue leyendo con lentitud para captar toda una descripción de la ciudad nueva. Veamos el tamaño de esa ciudad.

> El ángel que hablaba conmigo llevaba una caña de oro para medir la ciudad, sus puertas y su muralla. La ciudad era cuadrada; medía lo mismo de largo que de ancho. El ángel midió la ciudad con la caña, y tenía dos mil doscientos kilómetros: su longitud, su anchura y su altura eran iguales. Midió también la muralla, y tenía sesenta y cinco metros, según las medidas humanas que el ángel empleaba.
>
> —APOCALIPSIS 21.15-17

Te lo voy a poner en términos concretos. En esencia, la ciudad tiene la forma de un cubo simétrico de dos mil cuatrocientos kilómetros de lado. Para que tengas una referencia, dos mil cuatrocientos kilómetros son la distancia que hay entre el punto más al sur de la Florida y Maine. Si mis mediciones son correctas, la muralla que rodeará la ciudad tendrá unos sesenta y cuatro metros de ancho. Esta es una visión totalmente nueva en cuanto a la manera de vivir. Me vienen a la mente escenas sacadas de las películas de ciencia ficción, en las cuales las personas viven en diversos niveles y viajan en vehículos parecidos a los aerodeslizadores. Yo crecí viendo unos dibujos animados llamados *Los supersónicos* y así es como ellos vivían, en una amplia y extendida ciudad situada a gran altura sobre el suelo.[3] ¿Quién hubiera pensado que aquello podría haber sido nuestra mejor visión de la vida eterna?

¿Cuántas personas podrán vivir en una ciudad así? Bien, alguien hizo las cuentas, como vemos en la obra *The Wonder of Heaven*, escrita por Ron Rhodes:

> Alguien calculó que si esta estructura tiene forma cúbica, admitiría veinte mil millones de residentes, y cada uno de ellos tendría su propio cubo privado de setenta y cinco acres. Si todas las residencias fueran pequeñas, entonces habría espacio para acomodar a cien billones de personas. Aun así, quedaría mucho espacio para parques, calles y otras cosas que se ven en todas las ciudades normales.[4]

Y esta es solamente la ciudad principal. Aún nos queda por explorar el resto de la tierra, que va a ser más grandiosa y carente de defectos que la actual. Ahora ya es bastante asombrosa, de manera que la idea de que vaya a ser mejor es casi inconcebible.

¿Qué decir de las moradas de las que habla la gente? Jesús les dijo a sus discípulos que iría delante de ellos para prepararles un lugar.

> «No se angustien. Confíen en Dios, y confíen también en mí. En el hogar de mi Padre hay muchas viviendas; si no fuera así, ya se lo habría dicho a ustedes. Voy a prepararles un lugar. Y si me voy y se lo preparo, vendré para llevármelos conmigo. Así ustedes estarán donde yo esté».
>
> —Juan 14.1-3

De eso es de lo que él estaba hablando. Cuando aparece el nombre de alguien en el Libro de la Vida, se preparan los planos para la construcción de su lugar particular de habitación. ¿Qué clase de lugar está construyendo Dios para ti y para mí? La Nueva Versión Internacional las llama «viviendas», mientras que la versión Reina Valera las llama «moradas», lo cual parece algo de menos categoría. ¿Cuál sería la traducción correcta?

En realidad, la traducción de la Biblia llamada Vétera Latina tradujo esta palabra griega que equivale a la que usara Jesús originalmente, como «mansiones».[5] Esa es la palabra que adoptó también la versión del rey Jacobo en inglés. Sin embargo, la traducción literal de la palabra griega parece ser «lugares de habitación», de manera que, tristemente, el vocablo más exacto sería *habitaciones*. Pero la frase: «En el hogar de mi Padre hay muchas habitaciones» indicaría que cada uno de nosotros tendrá una habitación dentro de la casa de Dios, a diferencia de lo que sería una casa separada para cada creyente. En mi opinión, la proximidad al Padre es mucho mejor que tener mi propio lugar aparte. Será o no será una verdadera mansión, pero de cualquier manera, podemos estar seguros de que Dios nos proveerá algo que va a ser más que suficiente. Recuerda que Jesús no solo es el Dios del universo, también es un carpintero especializado (Marcos 6.3).

Juan describe después la estética de la ciudad con un poco más de detalle:

> La muralla estaba hecha de jaspe, y la ciudad era de oro puro, semejante a cristal pulido. Los cimientos de la muralla de la ciudad estaban decorados con toda clase de piedras preciosas: el primero con jaspe, el segundo con zafiro, el tercero con ágata, el cuarto con esmeralda, el quinto con ónice, el sexto con cornalina, el séptimo con crisólito, el octavo con berilo, el noveno con topacio, el décimo con crisoprasa, el undécimo con jacinto y el duodécimo con amatista. Las doce puertas eran doce perlas, y cada puerta estaba hecha de una sola perla. La calle principal de la ciudad era de oro puro, como cristal transparente
> —APOCALIPSIS 21.18-21

Aquí están las puertas de perla y las calles de oro que has estado esperando. Es algo mejor de lo que pensabas. No nos vamos a detener a hablar del material usado para hacer la muralla de la ciudad, o las calles de oro, porque sería un poco abrumador dedicarnos a explorar todos los detalles. Ahora bien, pensemos en los cimientos de la ciudad. Si los doce niveles tienen todos el mismo tamaño, entonces cada uno de ellos tiene dos pisos de altura y está hecho de unas piedras locamente raras y preciosas.

Identifiquemos el claro contraste que aparece aquí. Cuando Jesús entró a la primera tierra, lo hizo por unos medios humildes. Nació en una familia pobre y en un lugar usado para los animales. No poseyó una casa, ni siquiera la alquiló, y habría muerto solo con la ropa que traía puesta, de no ser porque los soldados se las arrancaron hasta dejarlo desnudo. Vino para identificarse con nuestra pobreza física y nuestra lucha espiritual. En cambio, en los días que vendrán, cuando entre a la tierra nueva, su mundo, donde rige como Rey, Jesús es indescriptiblemente rico y la ciudad que ha creado va a reflejar esta amplia capacidad. Va a ser algo imponente.

Esto es lo que escribió Juan acerca de esa grandiosa ciudad:

> No vi ningún templo en la ciudad, porque el Señor Dios Todopoderoso y el Cordero son su templo. La ciudad no necesita ni sol ni luna que la alumbren, porque la gloria de Dios la ilumina, y el Cordero es su lumbrera. Las naciones caminarán a la luz de la ciudad, y los reyes de la tierra le entregarán sus espléndidas riquezas. Sus puertas estarán abiertas todo el día, pues allí no habrá noche. Y llevarán a ella todas las riquezas y el honor de las naciones. Nunca entrará en ella nada impuro, ni los idólatras ni los farsantes, sino sólo aquellos que tienen su nombre escrito en el libro de la vida, el libro del Cordero.
>
> —APOCALIPSIS 21.22-27

Juan parece casi sorprendido de que no hubiera templo en la ciudad. Si recuerdas las enseñanzas del Antiguo Testamento que aprendiste, el templo fue muy importante a lo largo de toda la historia de Israel. Creado para que Dios pudiera vivir en medio de su pueblo, el templo del Antiguo Testamento era usado para aislar del pueblo la presencia de Dios, debido al pecado de ellos. En cambio, en la ciudad nueva ya no habrá pecado, y Dios caminará libremente entre nosotros, tal como lo hizo primero con Adán y Eva.

Después de eso, Juan señala que la ciudad no va a necesitar del sol ni de la luna para tener luz. Tal vez haya un sol nuevo y una luna nueva fuera de la ciudad, pero dentro de ella, no se necesitarán. En su lugar, la gloria de Dios le proporcionará una luz radiante para que tengamos toda la luz que necesitemos en la ciudad y todo el tiempo. Yo no tengo la menor idea de cómo va a ser eso, pero me emociono profundamente en cuanto a verlo y experimentarlo.

Juan nos dice que no habrá noche en esa ciudad nueva y que sus puertas no se cerrarán en ningún momento. Las puertas de las ciudades se cerraban de noche para mantener fuera de ellas la maldad, pero como no hay noche, y más importante aún, no hay maldad, puesto que toda maldad habrá sido lanzada al lago de fuego, no habrá necesidad de cerrar nunca las puertas. Y puesto que los únicos residentes de esta ciudad serán aquellos cuyos nombres se encuentran en el Libro de la Vida, y que han sido liberados para vivir en la luz, tampoco seguirá habiendo pecado de ninguna clase. La ciudad, y con ella toda la tierra nueva en realidad, será una zona libre de pecado.

Juan concluye su descripción de esta gran ciudad con la parte que es mi favorita:

> Luego el ángel me mostró un río de agua de vida, claro como el cristal, que salía del trono de Dios y del Cordero, y corría por el centro de la calle principal de la ciudad. A cada lado del río estaba el árbol de la vida, que produce doce cosechas al año, una por mes; y las hojas del árbol son para la salud de las naciones. Ya no habrá maldición. El trono de Dios y del Cordero estará en la ciudad. Sus siervos lo adorarán; lo verán cara a cara, y llevarán su nombre en la frente. Ya no habrá noche; no necesitarán luz de

lámpara ni de sol, porque el Señor Dios los alumbrará. Y reinarán por los siglos de los siglos.

—APOCALIPSIS 22.1-5

Imagínate un río de corrientes cristalinas que contenga la misma agua que Jesús le ofreció a la mujer junto al pozo (Juan 4.10-14). Es un agua que no solo sacia la sed, sino que también sostiene eternamente la vida. Durante siglos, ha habido gente como Juan Ponce de León, que andaba en busca de la Fuente de la Juventud. Y resulta que esa fuente no se encuentra en las islas de Bímini, sino en el centro mismo de la nueva Jerusalén. ¡Eso será algo digno de presenciar!

En ambos lados del río habrá dos árboles idénticos; no serán de cualquier variedad, ni al azar, sino que serán el árbol de la vida, procedente del huerto original del Edén, y que producirá un fruto que da vida eterna. Nosotros tendremos acceso gratuito e ilimitado al fruto del árbol que Adán y Eva ignoraron. Hincaremos nuestros dientes sanos y resucitados en esa fruta y con cada mordida, saborearemos un *toque* de eternidad.

¿Qué habrá pasado con el otro árbol que había en el huerto del Edén? El árbol del conocimiento del bien y del mal no se encuentra en ningún lugar de la descripción que hace Juan sobre la ciudad nueva. Y a mí me parece que esto es intencional. Ese árbol se colocó originalmente en el huerto para darles a Adán y a Eva la posibilidad de escoger entre seguir a Dios o no seguirlo. Cuando todas las cosas sean hechas nuevas, nosotros ya habremos escogido en la tierra vieja entre la vida que Dios ofrece y una vida que se apoye en nuestros propios conocimientos. Ese árbol ya no tendrá razón de ser. La serpiente habrá sido encerrada para siempre, sin que vuelva a tener la posibilidad de deslizarse de vuelta a este huerto. ¡Hurra, Dios!

Y entonces, la mejor parte de todas es que finalmente veremos a Dios cara a cara. En los tiempos antiguos los delincuentes eran alejados de la presencia del rey (2 Samuel 14.24). Nosotros éramos delincuentes, enemigos de Dios y fuimos alejados de su presencia. Sin embargo, ya no va a ser ese nuestro estado. Recibiremos el indulto por medio de la fe en Cristo y, por tanto, ya no se nos prohibirá comparecer ante su presencia. En este momento vamos a poder mirarlo directamente a los ojos. Juan nos dice aquí que recibiremos en la frente una marca que llevará el nombre de Cristo. Nunca me han gustado mucho los tatuajes. No puedo decidir en cuanto a cuál marca permanente me querría poner en el cuerpo, no estoy seguro del aspecto que tendría en mi piel cuando tenga noventa años de edad. Bien, pues este es un tatuaje que sí estoy dispuesto a recibir y con gran honra. Esa marca nos recordará básicamente que, por insano que parezca, estamos en el lugar al cual pertenecemos.

La vida eterna

Mientras reflexionaba sobre todas esas cosas tan hermosas y sorprendentes que Dios nos tiene reservadas para la vida eterna, me di cuenta de algo: ciertamente, ese gran río que fluye desde el trono de Dios va a rivalizar con las grandiosas cataratas del Niágara. Así que entonces, mi viaje con mi madre no fue cancelado, solo se pospuso. Y está completamente pagado. No lo pagó su hijo, sino el Hijo de Dios. Y no va a ser solo para tres días en un hotel, sino para siempre, en una residencia permanente. Mi madre no va a poder evadir el compromiso esta vez muriéndose. La muerte ya habrá sido lanzada al lago de fuego, para no volvernos a preocupar nunca más. Mi madre se va a sentir abrumada ante el alojamiento que Jesús le va a proporcionar.

Ya me imagino a Jesús mirándola a los ojos y diciéndole con ternura:

Solo hay una puerta de entrada y se llama Jesucristo.

«Bueno, Ruth, es necesario que te acostumbres a esto. Yo morí para ponerlo a tu disposición. Tú eres hija del Padre y has recibido tu herencia, tal como se te prometió».

Y lo mismo va a suceder con todos nosotros, los que hemos creído.

¿Qué sucederá si ya conozco a Cristo cuando vuelva?

¿Te voy a ver allí? Dios deja muy en claro a lo largo de todas las Escrituras que su deseo es que todos seamos salvos y experimentemos ese glorioso futuro que nos tiene preparado. Hay lugar para todos, pero Dios solo quiere a aquellos que quieran estar allí. ¿Quieres estar allí? Entonces, antes de que sea demasiado tarde, necesitas hacérselo saber a él. Solo hay una puerta de entrada y se llama Jesucristo (Juan 10.9).

Tal vez tú y yo nunca nos encontremos en esta vida, pero si has decidido decirle que sí a Jesús, espero ansioso encontrarme contigo en la vida venidera, la vida eterna. Podrás encontrarme junto al río. Espero que pases por allí. Me agradaría presentarte a mi madre.

Preguntas y respuestas sobre la vida eterna

¿Se van a dar recompensas?

La Biblia habla muy claro con respecto a este tema. Sí, los creyentes van a recibir recompensas que se les entregaran al comienzo de su vida en la tierra nueva, la vida eterna. Ellos serán juzgados al final (Romanos 14.10), pero no de la misma manera que lo serán los incrédulos ante el gran trono blanco. Este juicio no será para determinar nuestra salvación, o si entramos por las puertas de perla, sino para declarar qué recompensa recibiremos por la forma en que hemos vivido en el presente.

Pablo afirma esto claramente en sus escritos inspirados dirigidos a los creyentes de Corinto:

> Porque es necesario que todos comparezcamos ante el tribunal de Cristo, para que cada uno reciba lo que le corresponda, según lo bueno o malo que haya hecho mientras vivió en el cuerpo
> —2 Corintios 5.10; lee también Colosenses 3.23-24; Apocalipsis 22.12

No es esta la primera vez que Pablo le habló de ello a la iglesia de Corinto. En su primera carta les escribió lo siguiente:

El que siembra y el que riega están al mismo nivel, aunque cada uno será recompensado según su propio trabajo... porque nadie puede poner un fundamento diferente del que ya está puesto, que es Jesucristo. Si alguien construye sobre este fundamento, ya sea con oro, plata y piedras preciosas, o con madera, heno y paja, su obra se mostrará tal cual es, pues el día del juicio la dejará al descubierto. El fuego la dará a conocer, y pondrá a prueba la calidad del trabajo de cada uno. Si lo que alguien ha construido permanece, recibirá su recompensa, pero si su obra es consumida por las llamas, él sufrirá pérdida. Será salvo, pero como quien pasa por el fuego.

—1 Corintios 3.8, 11-15

En este pasaje, la palabra *día* se refiere al día en el que regrese Cristo y se desarrolle este juicio. Las obras que hayamos hecho que le importan a Dios (simbolizadas aquí por el oro, la plata y las piedras preciosas), serán recompensadas. Las que hayamos hecho por nuestra cuenta, que no estén de acuerdo con las prioridades de Dios simbolizadas por la madera, el heno y la paja) no contarán para nada. Pablo anticipó que habrá algunos creyentes en ese juicio cuya contribución total en esta vida será quemada por completo, pero aún serán salvos, porque edificaron su vida sobre el fundamento que es Cristo. Yo no querría ser de estos; ¿te agradaría a ti serlo?

En esto de pesar las decisiones que hayamos tomado en esta vida, las Escrituras dicen que va a haber tres aspectos en los cuales seremos juzgados:

1. *El contenido de nuestras obras*
   Jesús nos informa lo siguiente: «Porque el Hijo del hombre ha de venir en la gloria de su Padre con sus ángeles, y entonces recompensará a cada persona según lo que haya hecho» (Mateo 16.27).
   Esto debería hacer que miremos con sumo detenimiento nuestra lista diaria de cosas por hacer. Al final nos lamentaremos de

habernos contentado con despertar todos los días y vivir para nosotros mismos. Santiago 1.27 dice que es muy importante que los creyentes ayudemos a las viudas y a los huérfanos en sus aflicciones. Todos tenemos una inmensa responsabilidad, pero según Santiago, esto es solo un ejemplo de lo que realmente le importa a Dios. En Lucas 14, Jesús nos dice que quiere realmente que invitemos de vez en cuando a cenar a otras personas que no nos puedan recompensar o hacer avanzar nuestra posición en la vida, como los pobres, los ciegos y los tullidos. Si lo haces, Jesús dice que «entonces serás dichoso, pues aunque ellos no tienen con qué recompensarte, serás recompensado en la resurrección de los justos» (Lucas 14.14). Estas son solo dos cosas que sería sabio que tuvieran prioridad en nuestros planes cuanto antes.

2. *Las palabras que decimos*

Jesús no nos oculta las expectativas que tiene con respecto a nosotros: «Pero yo les digo que en el día del juicio todos tendrán que dar cuenta de toda palabra ociosa que hayan pronunciado» (Mateo 12.36). ¡Eso duele! Es un reto bastante difícil. Hasta las palabras informales que decimos a la ligera pasan bajo el escrutinio de Dios. Un detalle positivo es que, aunque no tengamos mucho dinero para dárselo a los que sufren, a los oprimidos y a los pobres, nuestras palabras de aliento van a contar en gran manera en el libro de Dios. Ten conciencia de esto mientras va pasando el resto de tu día. En cuanto a mí, la voy a tener. Solo espero recordarlo mañana y pasado mañana también.

3. *Las motivaciones de nuestro corazón*

Por lo tanto, no juzguen nada antes de tiempo; esperen hasta que venga el Señor. Él sacará a la luz lo que está oculto en la oscuridad y pondrá al descubierto las intenciones de cada corazón. Entonces cada uno recibirá de Dios la alabanza que le corresponda (1 Corintios 4.5; lee también Efesios 6.8).

No se trata solo de lo que hagamos, sino también de la motivación con la cual lo hagamos. Yo no puedo juzgar tu motivación, ni tú puedes juzgar la mía (Mateo 7.1-5). En el versículo anterior a su admonición a los corintios, Pablo escribe: «El que me juzga es el Señor» (1 Corintios 4.4).

Si eres creyente, te enfrentarás a un juicio en el cual las decisiones que hayas tomado en la vida presente serán sopesadas a partir de estas tres bases, y recibirás de nuestro Dios justo y amoroso la recompensa adecuada. Es muy probable que esas recompensas determinen tu calidad de vida en el reino nuevo, así como tu posición en él.

Durante años, pensé que todos seríamos iguales en la vida eterna, pero no es eso lo que enseña la Biblia. De manera que, para poder acumular en tu cuenta divina de jubilación, te conviene recordar el consejo de Jesús:

> No acumulen para sí tesoros en la tierra, donde la polilla y el óxido destruyen, y donde los ladrones se meten a robar. Más bien, acumulen para sí tesoros en el cielo, donde ni la polilla ni el óxido carcomen, ni los ladrones se meten a robar
>
> —Mateo 6.19-20

¿Habrá animales domésticos o mascotas en el cielo?

Nuestra familia disfrutó durante dieciocho años de la compañía de una perra de raza beagle llamada Lady. Sin duda alguna, Lady fue la criatura más leal que haya conocido jamás. No ha habido ninguno que le llegue ni al segundo lugar. Si el cielo se pudiera ganar por méritos, Lady tendría una oportunidad mucho mejor que yo de entrar al reino nuevo. Entonces, ¿caminará ella, o cualquier otro beagle, por esa tierra nueva con los que hemos creído en Jesús?

Comencemos a buscar indicios de eso. Apocalipsis 21—22 tiene un tema parecido al de Génesis 1—2. La visión de Dios para la vida en la tierra nueva es la de una restauración de la que tuvo inicialmente y que se perdió en esta vida presente. Por esa razón podemos mirar estos dos capítulos de Génesis y llegar con certeza a la conclusión de que aquello que estuvo aquí entonces, será creado de nuevo.

Durante la creación, en el segundo día, después de separar las aguas de debajo del cielo, que está arriba, las llenó con toda clase de aves y de peces.

> Y dijo Dios: «¡Que rebosen de seres vivientes las aguas, y que vuelen las aves sobre la tierra a lo largo del firmamento!»
>
> Y creó Dios los grandes animales marinos, y todos los seres vivientes que se mueven y pululan en las aguas y todas las aves, según su especie.
>
> Y Dios consideró que esto era bueno, y los bendijo con estas palabras: «Sean fructíferos y multiplíquense; llenen las aguas de los mares. ¡Que las aves se multipliquen sobre la tierra!».
>
> —Génesis 1.20-22

Después de crear la tierra seca en el tercer día, la llenó en el sexto con toda clase de criaturas.

> Y dijo Dios: «¡Que produzca la tierra seres vivientes: animales domésticos, animales salvajes, y reptiles, según su especie!» Y sucedió así.
>
> Dios hizo los animales domésticos, los animales salvajes, y todos los reptiles, según su especie. Y Dios consideró que esto era bueno.
>
> —Génesis 1.24-25

Las criaturas del mar y de los océanos, así como las de la tierra seca están en esta tierra porque forman parte de la visión de Dios. Se puede asumir con bastante certeza que formarán parte de la tierra nueva. De hecho, Isaías recibió una visión sobre la tierra nueva y, decididamente, halló diversas clases de animales que estaban presentes en ella, aunque se comportaban de una forma sumamente interesante.

> El lobo y el cordero pacerán juntos;
>
> > el león comerá paja como el buey,
> >
> > y la serpiente se alimentará de polvo.
>
> En todo mi monte santo
>
> > no habrá quien haga daño ni destruya»,
> >
> > dice el Señor.

—Isaías 65.25

No solo habrá animales en el reino nuevo, sino que se van a llevar bien entre ellos. Puesto que no va a haber muerte, no habrá depredadores. No estoy seguro, sinceramente, de la forma en que Dios va a controlar el crecimiento de la población, en especial entre los conejos, pero eso lo voy a dejar en manos de su ingenio infinito.

Isaías nos facilita más verdad aún en de su libro en cuanto a lo que podemos esperar en nuestro lugar futuro de habitación:

> El lobo vivirá con el cordero,
>
> > el leopardo se echará con el cabrito,
> >
> > y juntos andarán el ternero y el cachorro de león,
> >
> > y un niño pequeño los guiará.

—Isaías 11.6

Esto nos sugiere no solo que tendremos animales domésticos en el reino nuevo, sino también que la variedad de ellos se ampliará de manera drástica. No solo tendremos perros, gatos, peces dorados, gerbos y cotorras como animales domésticos, sino que este versículo me lleva a creer que podríamos ser capaces de nadar con un montón de pirañas o caminar junto a un jaguar. ¡Qué miedo!

¿Estará allí Lady, mi beagle? ¿Estará allí tu animal favorito? Las Escrituras no indican en ningún lugar que Lady vaya a ser creada de nuevo, aunque ciertamente, no se hallaría fuera de la esfera del asombroso poder de Dios y de su espléndido amor por nosotros.

¿Conservaremos nuestros recuerdos y las cosas de las que nos lamentamos en la vida presente?

Después de haber vivido ya en esta tierra más de medio siglo, he acumulado una gran cantidad de recuerdos, la mayoría de ellos buenos, aunque hay algunos horripilantes. ¿Qué opinas tú? Cuando entre por las puertas de la ciudad nueva y reciba las llaves del lugar que Jesús construyó para mí, ¿entrarán en ella conmigo mis recuerdos y las cosas de las que hoy me lamento?

Estoy bastante seguro de que la respuesta a esta pregunta es que no. La brillante visión de Juan sobre la vida en la nueva Jerusalén nos dice: «Él les enjugará toda lágrima de los ojos. Ya no habrá muerte, ni llanto, ni lamento ni dolor, porque las primeras cosas han dejado de existir» (Apocalipsis 21.4).

Creo que cuando el dedo índice de Jesús nos limpie las lágrimas de las mejillas, los recuerdos de nuestra vida anterior en la tierra vieja desaparecerán. El juicio del gran trono blanco para los incrédulos ocurrirá inmediatamente antes de que Jesús haga eso con nosotros. Me imagino que las lágrimas que se deslicen por el rostro en ese momento serán debidas a las personas que conocimos, y que no buscaron a Jesús ni lo aceptaron en esta vida, y fueron lanzadas al lago de fuego. A mí me sería difícil llevarme conmigo ese recuerdo visual a la eternidad, sin dejar que me pesara hasta convertirse en tristeza.

Yo no considero un problema esa amnesia inducida por Dios, francamente. Alguien dijo, con mucha sabiduría: «Cuando tus recuerdos sean más grandes que tus sueños, tu vida habrá terminado». La vida en la tierra nueva trae consigo grandes sueños. Observa la visión de Isaías sobre la clase de vida que nos espera:

«Presten atención, que estoy por crear
un cielo nuevo y una tierra nueva.

> No volverán a mencionarse las cosas pasadas,
> ni se traerán a la memoria.
> Alégrense más bien, y regocíjense por siempre,
> por lo que estoy a punto de crear:
> Estoy por crear una Jerusalén feliz,
> un pueblo lleno de alegría.
> Me regocijaré por Jerusalén
> y me alegraré en mi pueblo;
> no volverán a oírse en ella
> voces de llanto ni gritos de clamor.
>
> —Isaías 65.17-19

Isaías refuerza la declaración de Juan y después añade, enseguida, la expresión *más bien*. Él dice: alégrense más bien y regocíjense por siempre. Tenemos tantos recuerdos nuevos que guardar, que no se van a mezclar con las cosas que nos hacen llorar.

¿Habrá matrimonios y familias en el reino nuevo de Dios?

Yo llevo treinta y cinco años casado con mi esposa Rozanne, y seguimos contando. Si ella sigue queriendo ser mi esposa, planeo terminar todos mis días en esta tierra ancestral junto a ella, no solo porque así prometí que lo haría, sino porque no me puedo imaginar cómo sería la vida sin ella. Hemos estado juntos desde que comenzamos a sentarnos juntos en la iglesia a la edad de quince años. También tenemos cuatro hijos ya adultos, dos de los cuales están casados, y también tenemos dos nietos (con muchos más en camino); estoy seguro. Mi matrimonio y mi familia son el centro de mi vida. Me es difícil imaginarme que no vayamos a ser familia en la nueva vida venidera.

He tenido una experiencia asombrosa con mi familia. Otros, no tanto. Hay quienes nunca se han casado en esta vida, a pesar de desearlo. Hay parejas que no han podido tener hijos. También hay familias que se hallan atascadas en una disfunción y un sufrimiento casi insoportables. Por último, hay familias rotas y mezcladas como resultado de los divorcios, lo cual hace que este tema sea mucho más complicado aún.

De manera que al acercarme al tema del matrimonio, miro de nuevo al diseño original de Dios en Génesis 1—2. En la mayoría de los casos, hay continuidad entre lo que era entonces y lo que va a ser en la tierra nueva. Adán y Eva estaban casados y tuvieron hijos. Eran una familia. Por tanto, parece bastante seguro sugerir que habrá matrimonio después de nuestra resurrección.

Eso parecería cierto, si Jesús no hubiera echado por tierra esa idea. Durante su ministerio en la tierra, un grupo de líderes religiosos trataron de acorralarlo con una pregunta acerca del matrimonio. En realidad, no les importaba demasiado la respuesta de Jesús. Verás: ellos no creían en la resurrección de los muertos y estaban tratando de hacer que él admitiera en público que sí creía en ella.

Le presentaron un escenario en el cual una mujer había estado casada siete veces, porque cada uno de sus esposos anteriores había muerto. (A mí me parece como que ella hubiera envenenado la comida de cada uno de ellos, pero el texto no lo dice). Finalmente, murió la mujer. Esta es la pregunta que le hicieron a Jesús para que mordiera su anzuelo: «Ahora bien, en la resurrección, ¿de cuál de los siete será esposa esta mujer, ya que todos estuvieron casados con ella?» (Mateo 22.28).

Jesús no solo admitió valientemente que creía en la resurrección de los muertos, sino que también respondió la pregunta acerca del matrimonio después de que recibamos nuestro cuerpo resucitado:

> Jesús les contestó: «Ustedes andan equivocados porque desconocen las Escrituras y el poder de Dios. En la resurrección, las personas no se casarán ni serán dadas en casamiento, sino que serán como los ángeles que están en el cielo. Pero en cuanto a la resurrección de los muertos, ¿no han leído lo que

Dios les dijo a ustedes: "Yo soy el Dios de Abraham, de Isaac y de Jacob"? él no es Dios de muertos, sino de vivos».

—Mateo 22.29-32

No lo habría podido decir más claro: «En la resurrección, las personas no se casarán ni serán dadas en casamiento». Cuando buscamos en las Escrituras la visión mayor de Dios vemos que, de hecho, en el reino nuevo hay un solo matrimonio: el de Cristo y la Iglesia. Pablo dijo que nuestros matrimonios en la tierra vieja son sombra del matrimonio definitivo entre Cristo y su Iglesia.

«Por eso dejará el hombre a su padre y a su madre, y se unirá a su esposa, y los dos llegarán a ser un solo cuerpo.» Esto es un misterio profundo; yo me refiero a Cristo y a la iglesia.

—Efesios 5.31-32

Una confesión cierta. En realidad, esa idea me resulta un poco extraña. Aunque mi esposa me ama y todos los días me hace saber que le encanta estar casada conmigo, pienso que esa idea del matrimonio con Jesús funciona más con ella que conmigo. No la culpo. Pero como soy varón, es una idea que no se conecta muy bien conmigo.

Con esto es con lo que me quedo. Debo confiar en el Dios bueno y bondadoso, que me ha traído hasta este punto por medio de su gracia únicamente. Cuando esté sentado en el banquete de las bodas del Cordero (Apocalipsis 19.9), tengo la seguridad de que eso no solo va a tener para mí todo el sentido del mundo, sino que también va a exceder mis expectativas.

El texto no dice que Rozanne y yo no nos vayamos a conocer ni seguir siendo grandes amigos. Es probable que seamos los mejores amigos, porque mi naturaleza pecadora, que aún de vez en cuando la afecta, habrá desaparecido para siempre. Esa idea sí me atrae; la de no tener que decir «lo siento» por enésima vez. Me imagino que la relación que seguiré teniendo con Rozanne, al menos una amistad muy estrecha, va a ser parecida a la que tendré con mis hijos.

En la tierra nueva solo habrá una gran familia unida, cuya cabeza es Cristo. Mientras más pienso en eso, más me agrada. Tendremos que esperar y ver.

¿Cómo será nuestro cuerpo resucitado?

He aquí una pregunta cuya respuesta sé que hay muchos interesados en saber. Esa respuesta aparece de forma explícita en 1 Corintios 15.35-55. Pablo comienza esta sección de sus escritos con la gran pregunta del millón: «Tal vez alguien pregunte: "¿Cómo resucitarán los muertos? ¿Con qué clase de cuerpo vendrán?"» (v. 35). Sin embargo, responde de inmediato:

> Lo que tú siembras no cobra vida a menos que muera. No plantas el cuerpo que luego ha de nacer sino que siembras una simple semilla de trigo o de otro grano. Pero Dios le da el cuerpo que quiso darle, y a cada clase de semilla le da un cuerpo propio.
>
> —1 Corintios 15.36-38

Pablo compara la resurrección con los cultivos. Nuestro cuerpo actual es la semilla de nuestro nuevo cuerpo. Esta semilla determina la clase de cuerpo en que se convertirá la planta nueva, aunque no va a ser la misma que la semilla sembrada. Creo que esto significa que cada uno de nosotros tendrá un cuerpo con un aspecto semejante al que tenemos ahora, aunque no será el mismo. Eso es lo que Pablo dice a continuación:

> Así sucederá también con la resurrección de los muertos. Lo que se siembra en corrupción, resucita en incorrupción; lo que se siembra en oprobio, resucita en gloria; lo que se siembra en debilidad, resucita en poder.
>
> —1 Corintios 15.42-43

En nuestro cuerpo actual, tenemos dolores y sufrimientos, sentimos los efectos del avance de la edad, somos susceptibles a la enfermedad y la muerte es una realidad inevitable. Nuestro nuevo cuerpo no va a contener ni experimentar ninguno de esos defectos causados por el pecado. No tendremos pecado. Eso significa que no tendremos más manifestaciones de cáncer, ni de diabetes, ni usaremos sillas de ruedas, ni nos quedaremos ciegos, ni sordos, ni tendremos más dolores crónicos, ni temor a la muerte... porque nunca volveremos a morir.

Me encanta la comparación que hace Pablo entre nuestro cuerpo natural y el espiritual:

> El primer hombre era del polvo de la tierra; el segundo hombre, del cielo. Como es aquel hombre terrenal, así son también los de la tierra; y como es el celestial, así son también los del cielo. Y así como hemos llevado la imagen de aquel hombre terrenal, llevaremos también la imagen del celestial.
>
> —1 Corintios 15.47-49

Nuestro cuerpo natural es nacido de Adán. Nuestro cuerpo espiritual nacerá del segundo Adán, que es Jesús. Nuestro cuerpo resucitado llevará la imagen del cuerpo resucitado de Jesús. ¿Qué sabemos acerca de ese cuerpo resucitado de Jesús?

1. *Después de resucitado, Jesús tenía el mismo aspecto que antes de su muerte.* Esto lo sabemos porque sus discípulos y seguidores que lo vieron, lo reconocieron. Por eso, supongo que nosotros también tendremos el mismo aspecto que tuvimos en nuestro cuerpo terrenal, menos todo aquello que podría ser dañino, interna o externamente. Eso significaría que tendremos el peso adecuado para el tamaño y el tipo de nuestro cuerpo. ¿Dices amén a esto?

2. Suponemos que *el cuerpo nuevo de Jesús volvió a la misma edad que tenía cuando murió.* No creo que eso signifique que si morimos a los diez años de edad, permaneceremos perpetuamente con el aspecto de los diez años, y si morimos a los noventa, siempre tendremos el aspecto de una persona de noventa. En realidad, eso no lo sabemos. Hay personas serias que han pensado en la teología de esto y han sugerido que tendremos un cuerpo que va a representar los mejores años de nuestra vida, que se encuentran entre los últimos veintitantos y los primeros treinta y tantos.[1] Me parece bien.
3. *Jesús volvió como hombre.* Yo pienso que en el cielo habrá una diferenciación de sexo y que cada uno de nosotros mantendrá el que tuvo en su cuerpo natural.
4. *Jesús podía aparecer y desaparecer, y también atravesar puertas cerradas con candado* (Lucas 24.31; Juan 20.19). No estamos totalmente seguros de que se nos conceda ese rasgo, pero es razonable pensar que sí, puesto que vamos a llevar su imagen. ¿Te agrada pensar en esa posibilidad?

Podemos observar también los cuerpos de Adán y Eva antes de su caída, para tener unos cuantos indicios sobre lo que podríamos esperar nosotros. La observación más alarmante para la mayoría de las personas es que ellos estaban desnudos. ¡Caray! Sin embargo, en el Apocalipsis se nos habla de personas con vestiduras blancas. En realidad, eso no lo podemos saber, pero hay algo que sí sabemos con seguridad, y es que no nos vamos a sentir avergonzados ni vulnerables, de la misma manera que Adán y Eva no se sentían avergonzados antes de comer del árbol del conocimiento del bien y del mal. Eso ya en sí es un gran adelanto con respecto a nuestra condición actual en esta tierra.

También mantendremos nuestra identidad étnica. En realidad, desconocemos la constitución étnica que tenían Adán y Eva en sus cuerpos, pero originalmente todos procedemos de ellos, de manera que parece adecuado decir que lo más probable es que mantengamos la constitución genética que recibimos en la vida presente. Lee esta hermosa escena tomada del Apocalipsis acerca de nuestra vida futura:

> Después de esto miré, y apareció una multitud tomada de todas las naciones, tribus, pueblos y lenguas; era tan grande que nadie podía contarla. Estaban de pie delante del trono y del Cordero, vestidos de túnicas blancas y con ramas de palma en la mano. Gritaban a gran voz: «¡La salvación viene de nuestro Dios, que está sentado en el trono, y del Cordero!».
>
> —Apocalipsis 7.9-10

Vivimos en unos tiempos de grandes tensiones raciales. Esto siempre ha sido así, y así será hasta que este mundo viejo llegue a su fin y Jesús regrese. En la tierra nueva, no todos vamos a tener el mismo aspecto ni se nos escuchará igual. La diversidad seguirá existiendo, pero estaremos totalmente unificados entre nosotros. ¿Cómo puede ser eso? Porque en nuestra diversidad experimentaremos la unidad bajo el nombre de Jesús, que está sentado en el trono. Será algo hermoso.

¿Qué comeremos?

En la oración modelo, Jesús nos indica que le pidamos a Dios: «Danos hoy nuestro pan cotidiano» (Mateo 6.11). Comer y beber son aspectos esenciales de la supervivencia y el sostenimiento de nuestro cuerpo natural. Sin embargo, es frecuente que los actos de comer y de beber vayan mucho más allá de las exigencias básicas para la vida. Reunirnos con nuestra familia y nuestros amigos para compartir una cena puede ser una de las experiencias más enriquecedoras de la vida. Piensa en la única cosa que Jesús nos indicó que hagamos una y otra vez: debemos recordar su muerte hasta que él venga; o sea, compartir la comunión, como lo hizo él con sus discípulos en la Última Cena. Jesús nos reúne alrededor de la mesa de esa cena (1 Corintios 11.26).

Al reflexionar en la vida eterna que tendremos en la tierra nueva: ¿será necesario, esencial o incluso posible que comamos y bebamos en nuestro cuerpo espiritual? La respuesta es un sí firme y resonante.

Vemos que Jesús comió en su cuerpo resucitado (Lucas 24.40-43; Juan 21.4-14; Hechos 10.40-41). Jesús demostró claramente que el cuerpo espiritual es capaz de comer y de beber.

Además, sencillamente, Jesús también les dijo a sus discípulos en forma explícita que comeremos y beberemos en el reino nuevo.

> Les digo que no volveré a beber del fruto de la vid hasta que venga el reino de Dios... Por eso, yo mismo les concedo un reino, así como mi Padre me lo concedió a mí, para que coman y beban a mi mesa en mi reino, y se sienten en tronos para juzgar a las doce tribus de Israel.
>
> —Lucas 22.18, 29-30

No es necesario que vayas al seminario para saber interpretar las palabras claras de Jesús. En el reino nuevo comeremos, beberemos y cenaremos juntos. Juan nos avisa con respecto a una de las invitaciones que ya hemos recibido. Jesús nos invita a todos los que hemos aceptado en la vida presente su regalo gratuito de vida eterna a que nos sentemos a su mesa:

> El ángel me dijo: «Escribe: "¡Dichosos los que han sido convidados a la cena de las bodas del Cordero!"» Y añadió: «Estas son las palabras verdaderas de Dios».
>
> —Apocalipsis 19.9

¿En qué consistirá nuestra dieta? Isaías describe lo que habrá sobre la mesa en ese banquete:

> Sobre este monte, el Señor Todopoderoso
> preparará para todos los pueblos

> un banquete de manjares especiales,
> un banquete de vinos añejos.
>
> —Isaías 25.6

¡Esa es la comida que me gusta! Añádele unas papas al gratén, unas cuantas coles de Bruselas sazonadas, y para terminar unas natillas y un capuchino de postre, y estoy en el cielo... ¡ah, espera! Allí *estaré*. Solo hay un gran problema.

Cuando volvemos al huerto para captar la visión original de Dios que ahora va a estar restaurando, vemos que Adán y Eva no comían carne (Génesis 1.29-30). Hasta después del diluvio, Dios no le dio permiso a la humanidad para comer carne de animales. Dios le dijo a Noé:

> Todo lo que se mueve y tiene vida, al igual que las verduras, les servirá de alimento. Yo les doy todo esto.
>
> —Génesis 9.3

Se nos dice con claridad que en el reino nuevo eterno de Dios, «ya no habrá muerte» (Apocalipsis 21.4). Puesto que esta declaración no está limitada a los seres humanos, sino que se extiende a los animales, podemos dar por sentado con bastante seguridad que la dieta será vegetariana en la tierra nueva. Las frutas y los vegetales de nuestro propio huerto pueden ser bastante agradables. Y no lo olvides: las pastas y el pan siguen estando en el menú.

Entonces, ¿cómo interpretamos las palabras de Isaías que se refieren a los manjares especiales? Tal vez haya algo aquí que yo no esté viendo, y *sí* tengamos las mejores carnes a nuestra disposición en la mesa todos los días. ¿Cómo funciona eso, si no va a haber muerte? Supongo que no lo sabremos con seguridad hasta que lleguemos allá. De esto sí podemos estar seguros: vamos a tener acceso ilimitado al árbol de la vida y al agua de vida, y estas dos cosas, no solo van a satisfacer nuestra hambre y nuestra sed, sino que van a sostener nuestra existencia eterna. Esto lleva a un nivel totalmente nuevo al famoso refrán: «Más vale prevenir que curar».

También tendremos un puesto en la mesa de Jesús. Ya no tendremos que tomar un pedazo de pan, ni una copa, para recordarlo. La Biblia dice que solo practicaremos la comunión «hasta que él venga» (1 Corintios 11.26). Todo lo que necesitamos hacer ahora es mirar hacia arriba. Jesús va a estar sentado a la cabecera de la mesa. ¡Buen apetito!

¿Cómo será un día en la vida de la tierra nueva?

En esencia, va a ser como un día aquí en la tierra vieja, sin la maldición y con la presencia de Dios mismo en medio de nosotros. Esa diferencia es bastante grande, ¿no es cierto?

En primer lugar, en el cielo descansaremos y dormiremos (Hebreos 4.1-4; Apocalipsis 14.13). En muchos sentidos, toda esta experiencia de la salvación es para capacitarnos a entrar en una vida de descanso con Dios. Y lo más importante de todo eso, es que va a haber café por la mañana. ¿Me das un amén?

También vamos a tener todos unos trabajos con sentido. En el huerto, antes de la caída, Dios se asoció con Adán para dirigir la tierra bajo su autoridad (Génesis 1.28). Yo creo que esta responsabilidad va a continuar en la tierra nueva, pero sin la frustración causada por la maldición, puesto que nos habrá sido levantada (Apocalipsis 22.3). Se hará necesario asignar a algunos de nosotros a una posición nueva. No veo que se necesiten cuerpos de seguridad ni ejércitos, pero sí va a haber muchas otras cosas que hacer. Habrá mucho lugar para la creatividad, la inventiva y el aprendizaje en nuestras moradas nuevas.

Habrá además unos momentos que se dedicarán a unas comidas grandiosas con nuestra familia y nuestros amigos, como ya descubrimos. Cada uno de nosotros tendrá un lugar dentro de los límites de la ciudad para invitar a los demás. No derramaremos ninguna lágrima, pero sí tendremos muchos atardeceres llenos de carcajadas (Lucas 6.21). La vida de los vecindarios será vibrante, pasaremos muchas horas por las noches con nuestros amigos.

También habrá viajes fuera de la nueva Jerusalén para explorar las siete o siete mil maravillas del mundo nuevas que Dios moldeará esta vez. Solo puedo imaginarme cómo nos podremos trasladar, considerando las posibles capacidades de nuestro cuerpo nuevo. Habrá tiempo para dedicarlo a los pasatiempos como tejer, montar bicicleta, remar en kayak, observar a las aves, cuidar los jardines y los huertos con toda seguridad y jugar al golf (mi entretenimiento favorito). No creo que la caza esté en la lista, a menos que signifique cazar otra cosa que no sea unos animales. ¡Lo siento, amigos cazadores!

La más grande de todas las mejoras va a ser la de los cultos de las iglesias. En primer lugar, no va a haber un templo en el cual reunirnos. Dios mismo va a estar allí para hacer el papel de templo (Apocalipsis 21.22). Ya no habrá más sermones en los que se invite a las personas a confesar sus pecados y a recibir a Jesús. Ya no habrá más pecados. Ya no serán necesarios los cultos de sanidad, porque no va a haber más dolores, disfunciones ni enfermedades (Apocalipsis 21.4). Los cultos van a consistir puramente de adoración y gratitud por lo que Dios ha hecho a favor nuestro. Habrá muchísimos momentos en los que pediremos que nos «pellizquen para ver si estamos dormidos», a medida que nos vayamos dando cuenta día tras día de lo que tenemos. Adoraremos a Dios en su presencia misma. Tal vez se me pida que me encargue del sermón, si es que hay alguno. Me parecería un tanto intimidante. O tal vez solo nos tengamos que sentar a los pies de Jesús para escucharle contar relatos acerca del gran amor que nos tiene el Padre. Eso hacía muy bien cuando caminaba por esta tierra. ¿Recuerdas las parábolas?

¿Sabes? La vida en esta vieja tierra ha sido bastante agitada. No nos alcanza el tiempo para todo lo que queremos hacer ni para pasar tiempo con toda la gente con la que queremos reunirnos. No tenemos tiempo para entretenernos, ni para oler el perfume de las rosas. Pero la vida en la tierra nueva va a ser muy diferente. El tiempo estará de nuestra parte.

Tal vez nunca lleguemos a encontrarnos en esta vida, pero definitivamente vamos a tener el tiempo necesario para reunirnos en la vida venidera.

¿Qué sucederá si ya conozco a Cristo cuando vuelva?

De veras espero que eso suceda. Quizá podamos encontrarnos en las puertas de perla, o caminar juntos por las calles de oro, o comer juntos una fruta en una banca de algún parque que esté cerca del árbol de la vida, o sentarnos uno al lado del otro para cenar con Jesús, o si te gusta el golf como a mí, podemos encontrarnos en una de las rondas. No se permiten las trampas, pero vamos a tener gran cantidad de oportunidades nuevas. ¡Va a ser algo maravilloso! ¡Gracias, Jesús!

LA VIDA PRESENTE

CAPÍTULO 6

Hasta entonces

EN MI FAMILIA LES DAMOS LA PRIORIDAD MÁXIMA A LAS VACACIONES. Incluso ahora, que ya nuestros cuatro hijos son adultos, nos hemos fijado la meta de reunirlos al menos cada dos años, junto con sus cónyuges y con los nietos, para hacer el mejor viaje que podamos organizar con los recursos de los que disponemos. Nunca sorprendemos a nuestros hijos con un viaje de última hora. Más bien lo que hacemos es hablarles con meses de anticipación. ¿Por qué?

Por el poder que tiene la anticipación.

Cuando nuestros hijos eran pequeños, pasaban meses ansiosos por la llegada de nuestro viaje familiar anual. Yo me aseguraba de ir presentándoles, día tras día, todos los detalles sobre los lugares donde iríamos y lo que haríamos. Si el viaje nos exigía un largo tiempo en carretera para llegar a esquiar a Colorado, les hablaba del hotel donde nos íbamos a quedar a mitad de camino del camino, que servía desayunos en la cena y que tenía una piscina interior. Ellos soñaban despiertos e imaginaban pedir crepes en la cena, o esquiar por vez primera, o montar en la nueva montaña rusa. Sin duda, lo conversaban con sus amigos con una sensación de satisfacción porque nuestra familia ya tenía un plan.

Por las noches en la cena, decíamos: «Solo quedan cuarenta y cinco días para que salgamos... Solo quedan cuarenta y cuatro días para que salgamos...».

La noche previa al día de salida, el sueño era siempre algo ligero, debido a la anticipación acumulada.

La expectación tiene un poder que nos sostiene. Lo que era cierto con nuestros hijos, también lo es con los cristianos y ese viaje al más allá, pero que en una escala más grandiosa. La Biblia dice de esta anticipación que es nuestra esperanza. El escritor de Hebreos hace un recuento de la inmensa esperanza que encontraban los santos del Antiguo Testamento en la anticipación de su viaje a la ciudad prometida, la nueva Jerusalén:

> Todos ellos vivieron por la fe, y murieron sin haber recibido las cosas prometidas; más bien, las reconocieron a lo lejos, y confesaron que eran extranjeros y peregrinos en la tierra. Al expresarse así, claramente dieron a entender que andaban en busca de una patria. Si hubieran estado pensando en aquella patria de donde habían emigrado, habrían tenido oportunidad de regresar a ella. Antes bien, anhelaban una patria mejor, es decir, la celestial. Por lo tanto, Dios no se avergonzó de ser llamado su Dios, y les preparó una ciudad.
>
> —Hebreos 11.13-16

La esperanza es una de las cosas más poderosas que tiene un ser humano. Así que esta es la última pregunta que debemos responder, considerando todo aquello que debemos esperar con ansias...

¿Cómo viviremos hasta entonces?

Esta pregunta es central para los que hemos creído, aquellos que tenemos esperanza, los que vivimos a la luz del cielo. En parte, esto es lo que hace que los cristianos seamos distintos del resto del mundo, puesto que nuestras decisiones y el testimonio que damos con nuestras acciones reflejan la respuesta que hemos dado a esta pregunta, nuestra respuesta ante el futuro al que Dios nos está llamando.

Así que no es para sorprendernos el que muchos de los primeros líderes de la iglesia, e incluso el propio Jesús, hablaran de esto. Pedro toca de manera directa el tema en su segunda carta:

> Pero el día del Señor vendrá como un ladrón. En aquel día los cielos desaparecerán con un estruendo espantoso, los elementos serán destruidos por el fuego, y la tierra, con todo lo que hay en ella, será quemada.
>
> Ya que todo será destruido de esa manera, ¿no deberían vivir ustedes como Dios manda, siguiendo una conducta intachable y esperando ansiosamente la venida del día de Dios? Ese día los cielos serán destruidos por el fuego, y los elementos se derretirán con el calor de las llamas. Pero, según su promesa, esperamos un cielo nuevo y una tierra nueva, en los que habite la justicia.
>
> —2 Pedro 3.10-13

La destrucción de nuestra tierra actual no va a ser nada agradable. En realidad va a ser cataclísmica. Esto va a hacer que todas las películas apocalípticas que los seres humanos han hecho que parezcan un episodio más de *Plaza Sésamo*. Pero terminará con una destrucción total.

Observa que Pedro dice: «Esperamos un cielo nuevo y una tierra nueva». Aquí tenemos el poder de la anticipación. Así que, a la luz de la promesa que te ha hecho Dios para tu vida futura, «¿No deberíamos vivir como Dios manda?», nos pregunta Pedro.

La respuesta se nos presenta claramente aquí y a lo largo de todo el Nuevo Testamento. Ante una situación así, esta es la forma en que deberíamos vivir hasta entonces: de una forma santa y piadosa, sin temor, con fe y animándonos unos a otros, de testimonio y oración.

Llevar una vida santa y piadosa

¿Por qué tenemos que sentir el deber de llevar una vida santa y piadosa a la luz de nuestro futuro hogar? Pedro presenta la razón al final del versículo 13. El cielo nuevo y la tierra nueva, en los cuales vamos a residir los creyentes, son el lugar «en el que habita la justicia». Pedro nos amonesta para que comencemos a vivir ahora como lo haremos entonces: santos y piadosos.

La palabra *santo* significa «separado», lo cual sugiere que vivamos de una forma marcadamente diferente al resto del mundo. Exactamente, ¿en qué consiste? Pablo presenta de manera gráfica esa distinción en su carta a los creyentes de Filipos:

> Su destino [el de los enemigos de la cruz] es la destrucción, adoran al dios de sus propios deseos y se enorgullecen de lo que es su vergüenza. Solo piensan en lo terrenal. En cambio, nosotros somos ciudadanos del cielo, de donde anhelamos recibir al Salvador, el Señor Jesucristo. Él transformará nuestro cuerpo miserable para que sea como su cuerpo glorioso, mediante el poder con que somete a sí mismo todas las cosas.
>
> —Filipenses 3.19-21

Los que no crean en Jesús, o no quieran vivir en su reino eterno, no tienen nada que esperar más allá de la muerte. Su dios es su estómago, por lo cual tienden a sacarle a esta corta vida tanto placer como les sea posible. «Solo piensan en lo terrenal».

Jesús contó una parábola en la que aparecía un personaje que era exactamente así. Cada vez tenía más y más riquezas, tantas que ya no cabían en ningún lugar. ¿Qué hizo con todo ese exceso? Decidió construir graneros más grandes para almacenar todas sus riquezas y dedicarlas a su consumo. ¿Cuál era la filosofía de la vida que tenía aquel hombre rico?

Y diré: «Alma mía, ya tienes bastantes cosas buenas guardadas para muchos años. Descansa, come, bebe y goza de la vida».

—Lucas 12.19

La persona que no cree en Dios no tiene nadie a quién rendir cuentas, sino a sí misma. Básicamente, no tiene absolutos morales, ni sabe qué cosas son correctas y cuáles incorrectas. Por tanto, su conclusión lógica es «comer, beber y gozar de la vida». Consumirse en una vida egoísta dedicada a los placeres, sin consideración alguna por los demás. Beber hasta caer en el estupor, de manera que la mente quede embotada y no piense en la carencia de sentido que tiene su vida.

Pablo está de acuerdo con esta lógica en su primera carta a los creyentes de Corinto:

Si los muertos no resucitan,

«comamos y bebamos,

que mañana moriremos».

—1 Corintios 15.32

Sin embargo, nosotros tenemos un destino diferente. Jesús resucitó ciertamente de entre los muertos, por lo que nosotros también resucitaremos. En esencia, los que hemos creído en Jesús tenemos un pasaporte que no tiene fecha de caducidad, el cual indica que somos ciudadanos del cielo. Es como lo declara el canto espiritual antiguo: «Este mundo no es mi hogar; yo solo voy de pasada por él». Nosotros somos de un lugar donde habita la justicia; así que hoy debemos actuar como embajadores de nuestra patria.

Volvamos a Filipenses 3.20. Observa que Pablo dice que vivimos de esta manera piadosa mientras «anhelamos recibir al Salvador». Existe esa expectativa que llena a diario el corazón del seguidor de Jesús, y que nos motiva para vivir ahora como vamos a hacerlo por toda la eternidad, donde la maldad, la codicia, la mentira, las trampas, el acaparamiento, el engaño, la destrucción, la desautorización y el asesinato no tienen derecho de ninguna clase, y van a ser detenidos en la frontera cada vez que traten de cruzarla.

Dios le dijo al hombre rico de la parábola que lo había rechazado: «¡Necio! Esta misma noche te van a reclamar la vida. ¿Y quién se quedará con lo que has acumulado?» (Lucas 12.20). Cuando nos centramos únicamente en el presente y en el lugar donde estamos, es natural que nos inclinemos por almacenar una abundancia temporal que solo sirve para la vida presente. Pero cuando se nos abren los ojos y vemos la amplitud de la eternidad, así como todo lo que Dios ha hecho en ese lugar, nos damos cuenta de lo inútil que es deleitarnos en lo que sentiremos agradable por tan corto tiempo. De repente, vemos que el anhelo de Dios es que llevemos una vida santa y piadosa, llenos de la visión de nuestro futuro definitivo, que sobrepasa la insignificancia de lo que el mundo nos ofrece. Y si lo escogemos a él, un día lo oiremos decir: «Entra por estas puertas para disfrutar eternamente de la plenitud de tu heredad; esa heredad que yo te he preparado. ¡Bienvenido a tu hogar!».

Vivir sin temor

Jesús mismo nos da nuestro segundo consejo en cuanto a la manera en que debemos vivir. En Juan 14, sus discípulos acababan de enterarse de que pronto se marcharía, y que ellos no podrían ir con él de inmediato. Jesús se volvió hacia ellos en este momento de ansiedad y les dijo estas tranquilizadoras palabras de esperanza: «No se angustien. Confíen en Dios, y confíen también en mí» (v.1).

Que no se turbe nuestro corazón. Exactamente, ¿en qué consiste y cómo podemos impedir el no sentirnos turbados?

Tras el fallecimiento de mi madre, cuando batallaba con mi creencia en el cielo y en la vida después de la muerte, pienso que fue Dios mismo quien dispuso que me reuniera durante todo un día con un teólogo popular llamado Jim Packer, que acababa de terminar un libro sobre la esperanza bíblica.[1] Yo estaba trabajando en aquellos tiempos en un sistema de evaluación que ayudaba a las personas determinar dónde estaban en compararión con Cristo, y había identificado treinta características básicas de Cristo.² *Christianity Today*, situada en el área de Chicago, se interesó en este recurso y bondadosamente me consiguió unos días con su teólogo residente, que resultó ser el doctor Packer, para que me diera su impresión.

Yo ya estaba sentado en la pequeña sala de conferencias cuando él llegó. Llevaba consigo una carpeta de papel manila y una Biblia. Cuando se sentó, abrió la carpeta y allí vi mi obra repleta de marcas con tinta roja. En primer lugar, no podía creer que se hubiera tomado tanto tiempo para escudriñar mi trabajo. Por otra parte, aquello me asustó bastante cuando me di cuenta de la gran cantidad de impresiones suyas que me tenía que comunicar. Él se lanzó de inmediato a hacer un sorprendente resumen.

—Randy, has hecho una excelente labor aquí. Me gustan las treinta características básicas. Dan en el blanco y son bíblicas. No obstante, dejaste una que es necesario que esté presente. Dejaste la esperanza. Si le añades esa virtud a tu lista, podré apoyar esta herramienta con toda sinceridad.

Después de que el doctor Packer me demostró de manera convincente que la esperanza era una virtud cristiana esencial, le pedí que la definiera. Sin pestañear siquiera, me dijo sin pensarlo mucho:

—Con la esperanza, puedo sobrellevarlo todo.

Aquellas palabras penetraron en mí. Yo no estaba sobrellevando bien la pérdida de mi madre, por eso podía sentir que en mi interior había algo que andaba mal.

Le pregunté de qué manera se consigue esa virtud de la esperanza.

Frotándose brevemente la barbilla, me respondió:

> «PARA QUE EL CRISTIANO TENGA ESPERANZA, DEBE CREER EN LA PROMESA Y CONFIAR EN AQUEL QUE SE LA HIZO».
>
> —DOCTOR PACKER

—Para que el cristiano tenga esperanza, debe creer en la promesa y confiar en aquel que se la hizo. Lo prometido es la vida eterna con Dios en el reino nuevo. El que hizo la promesa es Jesús».

Después de eso, me explicó que Jesús cumplió su promesa de ser nuestro único camino al Padre cuando murió en la cruz por nuestros pecados (Juan 14.6). Ahora lo que se nos pedía era que confiáramos en él, que nos desprendiéramos de todo temor y toda ansiedad, y que creyéramos que regresará para llevarnos personalmente hasta el Padre, tal como dijo que lo haría.

Las palabras del doctor Packer hablaron directamente a mi alma herida. Había aflicción en mi corazón, por lo que no podía encontrar la forma de experimentar lo que Jesús ofrece en Juan 14. En esa ocasión, el doctor Packer me enseñó que para poder tener algún día esa clase de esperanza, no podía limitarme a desearla. Necesitaba conocer mejor a Cristo, y estar totalmente convencido de que él es quien dijo que es, y que aquello que enseñó, es cierto. Por eso, necesitaba adentrarme de manera profunda en lo que él prometió realmente acerca de la vida eterna.

La esperanza se halla totalmente unida a nuestro sistema de creencias. Esa idea era nueva para mí: una idea radical que me llevó a realizar un trayecto que me infundió de manera muy eficaz la esperanza de Dios en mi interior. Si sientes que tu corazón está atribulado, si vives con temor al futuro, esto también va a funcionar para ti.

Recuerda: lo peor que nos puede suceder es la muerte y Jesús ya resolvió ese problema. Entonces, ¿cómo vivir en el presente a la luz del futuro que tenemos garantizado? ¡Sin temores!

Vivir por fe

Hebreos 11 comienza con estas hermosas palabras: «Ahora bien, la fe es la garantía de lo que se espera, la certeza de lo que no se ve» (v. 1).

Existe una clara diferencia entre la fe y la esperanza. En nuestro lenguaje cotidiano, podríamos decir: «Tengo la esperanza de que esto suceda», con el significado de: «En realidad, no creo que vaya a suceder, pero querría que sucediera». No es así cómo los escritores de la Biblia usan este término. Tal como el doctor Packer señalara en mi conversación con él, la esperanza bíblica se basa en el hecho de que *sabemos* lo que va a pasar.

- Como creyentes, *sabemos* que cuando muramos nuestro espíritu va a estar en la presencia de Dios.
- *Sabemos* que Jesús va a regresar.
- *Sabemos* que vamos a recibir un cuerpo resucitado.
- *Sabemos* que él está creando un lugar para nosotros.
- *Sabemos* que vamos a residir en el reino nuevo.
- *Sabemos* que viviremos en el reino de Dios eternamente, y que nunca más podrá haber sufrimiento, lágrimas, enfermedades, maldad ni muerte.

Ahora no lo vemos, pero tenemos la seguridad, basados en Aquel que nos hizo la promesa: Jesús mismo. En cambio, la fe es diferente. El escritor de Hebreos nos dio un ejemplo más adelante en el capítulo 11:

Por la fe Abraham, cuando fue llamado para ir a un lugar que más tarde recibiría como herencia, obedeció y salió sin saber a dónde iba.

—Hebreos 11.8

El escritor se estaba refiriendo a Génesis 12, cuando Dios visitó a Abraham y le indicó que dejara las comodidades de su tierra. Lo invitó a comenzar a caminar, sin tener idea de dónde llegaría. Abraham y Sara decidieron ir. ¿Por qué? Porque creyeron en las promesas que les hizo Dios y Abraham «consideró fiel al que le había hecho la promesa» (Hebreos 11.11).

Abraham creyó que Dios le iba a dar un hijo, y que los iba a convertir en una gran nación, a pesar de que era demasiado anciano para tener hijos y de que su esposa era estéril. Su esperanza estaba puesta en una promesa palpable y totalmente clara: nacería un niño. De manera que, «por fe», él y su esposa empacaron sus pertenencias y comenzaron a caminar paso a paso hacia lo desconocido, esperando que Dios les diera instrucciones.

Dios cumplió su promesa y tuvieron un hijo al que le pusieron de nombre Isaac. Pero cuando Isaac era adolescente, Dios le ordenó a Abraham que lo sacrificara en un altar. El escritor nos dice al respecto:

> Por la fe Abraham, que había recibido las promesas, fue puesto a prueba y ofreció a Isaac, su hijo único, a pesar de que Dios le había dicho: «Tu descendencia se establecerá por medio de Isaac».
>
> —Hebreos 11.17-18

¿Qué había en la mente de Abraham que le permitió hacer lo impensable? El pasaje anterior nos dice que él «había recibido las promesas». El siguiente versículo nos da un vistazo de lo que Abraham tenía en la mente en esos momentos:

> Consideraba Abraham que Dios tiene poder hasta para resucitar a los muertos, y así, en sentido figurado, recobró a Isaac de entre los muertos.
>
> —Hebreos 11.19

La esperanza de Abraham estaba sujeta a la promesa de Dios en cuanto a la forma en que terminaría su historia. Él confió en que Dios se ocuparía de los detalles. Aunque él nunca había visto una resurrección, se imaginó que Dios, con su inmenso poder, sería capaz de levantar a su hijo de entre los muertos y mantener su promesa. Por supuesto, cuando aquel cuchillo de pedernal se movió hacia abajo, Dios interrumpió a Abraham y proveyó un sacrificio en lugar de su hijo Isaac, un carnero cuyos cuernos se habían enredado en un matorral (Génesis 22.13).

Con cada paso de fe, la relación entre Abraham y Dios se hacía más profunda, y Abraham adquiría un conocimiento más profundo de Aquel que le estaba haciendo aquellas promesas. Con cada promesa cumplida, Abraham comenzaba a comprender mejor toda la promesa que le había hecho Dios en cuanto a su vida. Aquello fue mucho más allá de lo que él pensó originalmente. Esto no solo le sucedió a Abraham, sino también a otra gran cantidad de creyentes del Antiguo Testamento.

> Todos ellos vivieron por la fe, y murieron sin haber recibido las cosas prometidas; más bien, las reconocieron a lo lejos, y confesaron que eran extranjeros y peregrinos en la tierra. Al expresarse así, claramente dieron a entender que andaban en busca de una patria. Si hubieran estado pensando en aquella patria de donde habían emigrado, habrían tenido oportunidad de regresar a ella. Antes bien, anhelaban una patria mejor, es decir, la celestial. Por lo tanto, Dios no se avergonzó de ser llamado su Dios, y les preparó una ciudad.
>
> —Hebreos 11.13-16

Estos creyentes terminaron viendo la promesa grandiosa de una patria «celestial». Estaban esperando «la ciudad de cimientos sólidos, de la cual Dios es arquitecto y constructor» (Hebreos 11.10). Su esperanza era la misma que la nuestra, con la diferencia de que nosotros tenemos una imagen más vívida de ella, y deberíamos sentirnos hoy más animados a vivir por fe.

La fe consiste en confiar hoy en que Dios cumpla su palabra, aunque no sepamos del todo lo que vamos a encontrar al otro lado de las vueltas que da nuestro camino. Hoy encontramos el valor que necesitamos para vivir por fe gracias a la «garantía de lo que se espera» (v. 1) en el futuro. Nosotros desconocemos lo que van a significar todas las curvas, los giros y los desvíos que tendremos en esta vida, pero sí sabemos cuál será el resultado final. Y hasta que llegue, debemos tomar la decisión de vivir por fe.

Animarnos unos a otros

Nos es fácil desalentarnos en la vida presente. Por eso, muchas cosas están fuera de nuestro control. Eso no es cierto solamente con respecto a nosotros hoy, también lo era con respecto a los creyentes del siglo I. Cuando Pablo les escribió una carta a los creyentes que formaban la iglesia de la ciudad de Tesalónica, ellos ya habían recibido y aceptado plenamente la enseñanza sobre la Segunda Venida de Cristo, que los llevaría a la vida eterna, pero de alguna manera, habían llegado a la conclusión de que Cristo iba a regresar mientras ellos estuvieran aún vivos, y se habían preocupado mucho en cuanto a la participación en el reino nuevo de aquellos que ya habían muerto. Pablo les escribió estas palabras acerca de los que habían muerto, pero también les estaba hablando del temor natural que tenían acerca de su propia muerte.

> Hermanos, no queremos que ignoren lo que va a pasar con los que ya han muerto, para que no se entristezcan como esos otros que no tienen esperanza. ¿Acaso no creemos que Jesús murió y resucitó? Así también Dios resucitará con Jesús a los que han muerto en unión con él. Conforme a lo dicho por el Señor, afirmamos que nosotros, los que estemos vivos y hayamos quedado hasta la venida del Señor, de ninguna manera nos adelantaremos a los que hayan muerto. El Señor mismo descenderá del cielo con voz de mando, con voz de arcángel y con trompeta de Dios, y los muertos en Cristo resucitarán primero. Luego los que estemos vivos, los que hayamos quedado, seremos arrebatados junto con ellos en las nubes para encontrarnos con el Señor en el aire. Y así estaremos con el Señor para siempre. Por lo tanto, anímense unos a otros con estas palabras.
>
> —1 Tesalonicenses 4.13-18

Estas palabras se dirigen tanto a nosotros hoy como a aquellos seguidores de Cristo de la antigüedad. Yo perdí la esperanza cuando murió mi madre. Su dolencia comenzó con un poco de tos y algo de dolor, y antes de que nos diéramos cuenta, ya había fallecido. Durante los dos años siguientes, toda tos, todo dolor o toda protuberancia que se me formara, solo servía para hacerme sentir temor. *Esto podría ser el final para mí*, pensaba.

Sin embargo, a medida que leía y estudiaba las Escrituras, comencé a conocer mejor a Dios, y a confiar en estas verdades sobre lo que va a suceder cuando Jesús vuelva. Y ahora, el temor que sentía entonces me parece totalmente absurdo. Personalmente, estoy pidiendo en mis oraciones que una noche me quede dormido y me despierte en la presencia de Jesús. Pero suceda lo que suceda, por medio de Cristo ya he superado a la muerte.

Hay gente que se obsesiona con la muerte. Es necesario que los cristianos sintamos obsesión por la vida. Hay gente llena de temores. Los creyentes debemos estar llenos de gozo. Nuestra mente se debe centrar en las promesas de Dios, de modo que cuando uno de nosotros esté luchando, los otros deberían levantarlo de en medio de su lucha.

Nuestra comunión cristiana debería estar salpicada continuamente de aliento acerca de las realidades que hay en el futuro que tenemos garantizado en Cristo. Necesitamos ayudarnos mutuamente a enfrentar nuestros problemas actuales con la promesa de la eternidad, a fin de adquirir una perspectiva mejor y hallar la paz.

No es ningún secreto que los esclavos africanos en la historia de lo que es hoy Estados Unidos llevaron una vida horrible y desmoralizadora, con pocas esperanzas de que se produjera un cambio en su situación. Sin embargo, aun en medio de aquello que parecía tan desesperado, crearon cantos espirituales que los ayudaron a «sobrellevarlo todo con la esperanza» y mantuvieron sus ojos fijos en el hecho de que aquella vida de esclavitud solo era temporal, comparada con la vida eterna que recibirían como hijos e hijas del Rey de reyes.

Así como entonaban juntos esos cantos en sus reuniones de iglesia como comunidad, también los cantaban fuera de aquellas reuniones, mientras estaban trabajando en el campo, enfocándose fuera de su esclavitud terrena y en su libertad futura en Cristo.[3]

Eso es lo que necesitamos hacer también hoy. Cada vez que una persona de fe se esté enfrentando a una profunda angustia, un sufrimiento inigualable o un problema con pocas esperanzas de alivio, debemos reunirnos como comunidad de creyentes para darle aliento a esa persona, amarla y recordarle que al final recibirá en Jesús su victoria.

Necesitamos leer una y otra vez estas palabras de Pablo dirigidas a darles aliento a los creyentes de su tiempo:

> Por tanto, no nos desanimamos. Al contrario, aunque por fuera nos vamos desgastando, por dentro nos vamos renovando día tras día. Pues los sufrimientos ligeros y efímeros que ahora padecemos producen una gloria eterna que vale muchísimo más que todo sufrimiento. Así que no nos fijamos en lo visible sino en lo invisible, ya que lo que se ve es pasajero, mientras que lo que no se ve es eterno.
>
> —2 Corintios 4.16-18

Ser testigos

¿Recuerdas la parábola que relató Jesús acerca del hombre rico y de Lázaro? Después de que ambos murieron, el espíritu de Lázaro fue al seno de Abraham, o paraíso, y el espíritu del hombre rico fue al Hades. Cuando el rico se dio cuenta de que no recibiría alivio de ninguna clase, ni manera de salir de allí, clamó a Abraham y le hizo una apasionada súplica para que enviara a Lázaro a salir de entre los muertos para advertirles a sus familiares que, inevitablemente, ellos también terminarían en el Hades. La vida después de la muerte es real, tanto para los creyentes como para los incrédulos. A Lázaro no se le envió a volver de la muerte para hablarles a los parientes del hombre rico, tal como este había pedido, pero aquellos de nosotros que aún estamos vivos, y que realmente creemos, nos deberíamos sentir en la obligación de hablarles a los demás acerca del maravilloso ofrecimiento de Cristo, hasta que exhalemos nuestro último suspiro, o hasta que él vuelva. Una vez que nos hayamos ido, también habrá desaparecido nuestra oportunidad para hablarles a los demás.

Esta es la misión que Jesús nos dio para nuestra vida. Después de su resurrección y antes de su ascensión de vuelta al Padre en el cielo, visitó a sus discípulos por última vez. Esto es lo que les dijo en aquella reunión final:

> Pero cuando venga el Espíritu Santo sobre ustedes, recibirán poder y serán mis testigos tanto en Jerusalén como en toda Judea y Samaria, y hasta los confines de la tierra.
>
> —Hechos 1.8

Hasta que él vuelva, tenemos la misión que nos encomendó de ser testigos suyos. No se trata solo de «testificar», sino de que «seamos testigos». Los seguidores de Jesús que estuvieron con él en aquella habitación, eran testigos de su cuerpo resucitado. Hoy, nosotros también somos testigos de su vida resucitada y de su poder. Efesios 1.19-20 nos dice que el mismo poder que levantó a Jesús de entre los muertos se halla en nosotros. Cuando llevamos una vida consagrada a la voluntad de Dios por medio del poder de su Espíritu, que habita en nosotros, eso nos da evidencia de que Dios está vivo en nuestro interior.

La forma en que cumplimos nuestras promesas, en que tratamos a los demás, en que ordenamos nuestras prioridades, lo que nos llena de lágrimas los ojos, en que gastamos nuestro dinero, como tratamos a los pobres y oprimidos: todo eso evidencia que Jesús está vivo, porque nosotros vivimos como él vivió, en la misma fortaleza del Espíritu que le dio fortaleza a él.

Con frecuencia, sencillamente las personas no están preparadas para escuchar las palabras del evangelio. No fuerces la situación. Lo que nos toca a nosotros no es tener éxito, sino ser testigos fieles. La decisión definitiva es algo entre ellos y Dios. He visto que las personas que pasan por alguna crisis, cuando vuelven a caer en su adicción, cuando tienen que enfrentarse con la fragilidad de la vida, es cuando más receptivas están al mensaje de Dios.

Mientras tanto, limítate a vivir el mensaje del amor de Jesús de una manera delicada y encantadora ante ellos. Cuando llegue el momento en que aparezca en su vida esa tragedia o esa incertidumbre, a ti será a quien se acercarán.

¿A quiénes ha puesto Dios en tu vida, ahora mismo, para que les seas testigo de la vida de resurrección de Jesús? Te sugiero que escribas sus nombres y mantengas la lista en tu Biblia o en otro lugar donde la veas con frecuencia. ¿Qué tal te va en tu tarea de testificar a los demás a cerca de Jesús? La persona que ama realmente a su prójimo y cree el mensaje que hay en este libro, va a querer con urgencia llevarse consigo cuanta gente le sea posible al hogar eterno de Dios.

Orar

Después de haber visto lo que habrá de suceder, y lo asombroso que eso será, Juan termina toda la Biblia con esta oración: «¡Ven, Señor Jesús!» (Apocalipsis 22.20).

Durante la mayor parte de mis cuarenta y tantos años de relación con Cristo, mi oración no ha sido como la de Juan. Sinceramente, ha sido más parecida a lo que sigue: «¡Me alegra que vengas, Señor, pero preferiría que no vinieras hoy mismo!». Esta es la oración secreta de la mayoría de los cristianos que conozco. ¿Por qué? En mi caso, yo no percibía la visión como la veía Juan. Yo pensaba que lo que había para mí más allá de la vida era que saldría de mi cuerpo y subiría a los cielos como espíritu sin cuerpo, para flotar en el espacio y entonar cánticos toda la eternidad.

Yo canto más que nadie en mi familia. Entono casi exclusivamente cantos de adoración. Si no estoy hablando, estoy cantando. Y, sin embargo, la idea de convertirme en un espíritu desnudo, cantando a todas horas del día durante toda la eternidad, de alguna manera no me entusiasma demasiado. Sin embargo, creo que estarás de acuerdo, después de lo que hemos recorrido juntos, en que mi visión anterior del cielo carecía lamentablemente de información. Ahora que tengo una comprensión mucho mejor de la vida eterna en la tierra nueva y de mi lugar en la ciudad nueva con un cuerpo imperecedero, y en comunidad con los demás creyentes, sin la presencia del pecado y de la muerte, pero en la presencia perpetua de Dios, siento que tengo un gran motivo para cantar ahora y por toda la eternidad. Hasta soy capaz de cantar en el coro, si se organiza uno.

¿Qué piensas? ¿En qué punto de tu jornada te encuentras? He procurado ser sincero contigo acerca de mis luchas, con el fin de que eso te animara a ti a hacer lo mismo. Ocultar nuestros temores, dudas, confusiones y enojos no es una solución saludable. El hecho de afanarnos tanto con la vida que no dedicamos tiempo alguno para reflexionar sobre nuestro futuro, es en sí una negación de que el final de la vida presente se nos está acercando con rapidez a la luz de la eternidad. No nos es posible detener la marcha de ese reloj. En el camino que hemos recorrido juntos, hemos abierto la Palabra de Dios para ver y comprender lo que nos ha prometido. Tienes que admitirlo: todo lo que Dios nos tiene reservado a los que le amamos y hemos emprendido este don de la vida eterna es muy cautivador. Y, ¿sabes una cosa? Estoy seguro de que solo hemos arañado la superficie de todo lo que Dios tiene planificado para nosotros. Así que entremos en la urgencia de esa anticipación. Desde hoy, estamos un día más cercanos a ella.

Comprometámonos a unirnos con Juan para despertar cada día, orando con pasión y con expectativa, diciendo: «Ven, Señor Jesús».

Preguntas y respuestas sobre la vida presente

¿Tenemos ángeles guardianes?

La respuesta breve es que sí, tenemos ángeles guardianes.

El pasaje de las Escrituras que nos lo dice con mayor claridad procede de las enseñanzas de Jesús:

> Miren que no menosprecien a uno de estos pequeños. Porque les digo que en el cielo los ángeles de ellos contemplan siempre el rostro de mi Padre celestial.
>
> —Mateo 18.10

No tenemos uno solamente, sino todo un grupo de ellos, que cuidan personalmente de cada creyente, no solo de los niños.

> ¿No son todos los ángeles espíritus dedicados al servicio divino, enviados para ayudar a los que han de heredar la salvación?
>
> —Hebreos 1.14

¿Verdad que esto es algo excepcional? Cuando aceptaste a Jesús y recibiste el perdón de tus pecados, Dios te asignó una hueste de ángeles para que te ministraran. Esto revela al menos algunos de esos sucesos inexplicables que, sencillamente, no pueden ser coincidencias.

¿Hay en realidad suficientes ángeles para que varios de ellos estén asignados a cada uno de los creyentes? El apóstol Juan tenía un teatro tridimensional, IMAX, con sonido ambiental Dolby del mundo espiritual. En un punto, los ángeles estaban clamando al unísono en voz alta: «¡Digno es el Cordero, que ha sido sacrificado, de recibir el poder, la riqueza y la sabiduría, la fortaleza y la honra, la gloria y la alabanza!» (Apocalipsis 5.12). ¿Cuántos ángeles había allí? Juan dice: «Miré, y oí la voz de muchos ángeles que estaban alrededor del trono, de los seres vivientes y de los ancianos. El número de ellos era millares de millares y millones de millones» (Apocalipsis 5.11). En la interpretación de la Biblia esto se conoce como una expresión retórica para referirse a un número indefinidamente grande.

Cuando Jesús fue arrestado, en la noche anterior a su crucifixión, uno de los discípulos tomó una espada y le cortó una oreja a uno de los que habían llegado para arrestarlo. Jesús le dijo que apartara aquella espada. «¿Crees que no puedo acudir a mi Padre, y al instante pondría a mi disposición más de doce batallones de ángeles?» (Mateo 26.53). El término «batallón» traduce la palabra «legión». Una legión romana tenía seis mil soldados. Doce legiones serían setenta y dos mil ángeles, solo para aquel suceso. Me parece que podemos decir con seguridad que hay suficientes ángeles para cuidar de todos nosotros.

Había ángeles que estaban asignados a Jesús cuando estaba en la tierra. Después de que él, débil ya por haber estado ayunando en el desierto, rechazó las tres tentadoras ofertas del diablo, se nos dice: «Entonces el diablo lo dejó, y unos ángeles acudieron a servirle» (Mateo 4.11).

Nuestros ángeles se pueden hacer cargo de nuestras necesidades emocionales y espirituales cuando nosotros nos hallamos exhaustos. Vemos que eso fue lo que hicieron por Jesús en el huerto de Getsemaní. Jesús estaba sintiendo una fuerte angustia ante el pensamiento de que se enfrentaría a la crucifixión al día siguiente. Después de que oró, se nos dice: «Entonces se le apareció un ángel del cielo para fortalecerlo» (Lucas 22.43). Estos espíritus ministradores están siempre disponibles para hacer lo mismo por nosotros.

Cuando Daniel fue lanzado a un foso lleno de leones hambrientos por haber orado a Dios, a la mañana siguiente, él mismo informó de lo sucedido: «Mi Dios envió a su ángel y les cerró la boca a los leones» (Daniel 6.22). En realidad, los leones querían cenar una hamburguesa de carne de Daniel, pero Dios envió su ángel guardián para cerrarles la boca a todos.

Cuando lo pienso, veo que en mi propia vida ha habido ocasiones en las cuales creo que Dios les debe haber ordenado a mis ángeles que les cerraran la boca a varios de esos leones proverbiales. ¿Te ha sucedido a ti también?

Hablando de leones, nos dice Pedro:

> Practiquen el dominio propio y manténganse alerta. Su enemigo el diablo ronda como león rugiente, buscando a quién devorar. Resístanlo, manteniéndose firmes en la fe, sabiendo que sus hermanos en todo el mundo están soportando la misma clase de sufrimientos.
>
> —1 Pedro 5.8-9

Debemos recordar que hay dos tipos de ángeles: los que sirven a Dios y los que siguen a Satanás. Con tanta intensidad como se esfuerzan nuestros ángeles por protegernos, los ángeles del diablo nos acechan como leones, tratando de devorarnos. Nosotros solos no nos podemos enfrentar al diablo y a sus ángeles. Necesitamos que nuestros ángeles les cierren la boca, para que no nos destruyan.

Pablo nos recuerda que en el mundo están pasando más cosas de las que nosotros podemos ver.

> Porque nuestra lucha no es contra seres humanos, sino contra poderes, contra autoridades, contra potestades que dominan este mundo de tinieblas, contra fuerzas espirituales malignas en las regiones celestiales.
>
> —Efesios 6.12

Creo que si hubiera una linterna estroboscópica espiritual con la que pudiéramos iluminar los espacios que nos rodean, veríamos mucha más actividad espiritual de la que podamos haber imaginado jamás. Ahora mismo, mientras estaba escribiendo esta sección, recibí un correo electrónico de un amigo de Nashville a quien tenemos asignado para que venga la semana próxima a hablarle a nuestra gran congregación acerca del tema importante de la Iglesia perseguida. Su suegra ha sido hospitalizada, así que él quería que yo supiera que tal vez no podría venir. No puedo tener la seguridad, pero siento con bastante potencia que el diablo y sus fuerzas no quieren que los miles de creyentes que hay en nuestra iglesia se levanten en armas ante los aprietos que pasan nuestros hermanos y hermanas de Oriente Medio, a quienes están sacando por la fuerza de sus casas, quemándolos vivos y decapitándolos. Necesitamos con urgencia que el ejército de las huestes celestiales de Dios intervenga.

Aunque es cierto, de acuerdo con las Escrituras, que no tenemos un solo ángel guardián, sino muchos que velan por nosotros, hay dos cosas que debemos recordar:

1. El que los dirige es Dios, no nosotros. No podemos decirles a los ángeles que nos han sido asignados lo que deben hacer.

   Porque él ordenará que sus ángeles
   te cuiden en todos tus caminos.
   —Salmos 91.11

2. No debemos adorar a los ángeles. Solo adoramos a Dios, el Creador de los ángeles (Romanos 1.25; Colosenses 2.18).

Los ángeles guardianes son un regalo de Dios y tal vez el acto final de los que velan sobre nosotros esté revelado en la parábola de Jesús acerca del hombre rico y de Lázaro. Jesús dijo: «Resulta que murió el mendigo, y los ángeles se lo llevaron para que estuviera al lado de Abraham» (Lucas 16.22). Cuando exhalemos el último suspiro en esta vida y seamos llevados a la vida en el intermedio, ¿cómo será que nuestro espíritu llegue a comparecer ante Dios, si nosotros mismos no tenemos idea de a dónde debemos ir? Es muy posible que uno o más de los ángeles que se nos han asignado nos lleven hasta él. No sé qué te parecerá a ti, pero a mí me resulta muy consolador.

¿Es correcto que nuestro cuerpo sea incinerado?

A mí nunca se me ocurrió siquiera preguntarle a mi madre si tenía planes para que la sepultáramos o para que la incineraran. Yo suponía que ella habría querido que la sepultáramos. Francamente, en aquellos años, no conozco a nadie que hubiera sido incinerado. Después de la muerte de mi madre, mi padre reveló que ella había expresado el deseo de ser incinerada. Al principio, me sentí bastante afectado por su decisión. Durante bastante tiempo dudé en decirle a nadie que la habían incinerado, a causa de mi deseo de protegerla del desprecio público o de las miradas de reprobación. Como había hecho con todo lo relacionado con el tema de la muerte y la vida más allá de la muerte, abrí la Biblia para ver qué podía encontrar.

En los cementerios, a veces vemos que el ministro echa tierra sobre el ataúd dentro de la sepultura, al mismo tiempo que dice: «Cenizas a las cenizas, polvo al polvo». Este concepto procede de Génesis 3, en la declaración que hizo Dios de su maldición sobre la humanidad a causa del pecado:

> Te ganarás el pan
> >con el sudor de tu frente,
> hasta que vuelvas a la misma tierra
> >de la cual fuiste sacado.
> Porque polvo eres,
> >y al polvo volverás.
>
> —Génesis 3.19

Con el tiempo, nuestro cuerpo se descompone y termina volviendo al polvo y a las cenizas, que son el material en bruto que tomó Dios para crearnos al principio de todo (Génesis 2.7). La incineración solo apresura ese proceso. ¿Es eso correcto o erróneo?

El único pasaje de la Biblia que encontré, y que pudiera servir para disuadirnos de la práctica de la incineración, se halla en Amós 2.1. Aquí, Dios lanza un juicio contra el pueblo de Moab a causa de sus pecados:

> Así dice el Señor:
> «Los delitos de Moab han llegado a su colmo;
> por tanto, no revocaré su castigo:
> Porque quemaron los huesos del rey de Edom
> hasta reducirlos a ceniza».

Es importante que observemos que el rey de Moab no mató al rey de Edom para después incinerarlo, sino que en realidad sacó su cuerpo de la tumba y después quemó sus huesos hasta convertirlos en ceniza (la carne ya había desaparecido). De manera que, a fin de cuentas, eso era no tanto una acusación contra la incineración sino contra las acciones totalmente irrespetuosas de Moab hacia la memoria de otro ser humano.

En cuanto al argumento según el cual Dios necesitaría nuestro cuerpo físico intacto para la resurrección final, explorémoslo un poco. A lo largo de toda la historia ha habido cristianos quemados en la hoguera por su fe en Cristo. Ciertamente, estos no se van a perder su resurrección, solo porque su cuerpo fue incinerado. De hecho, incluso más allá de los que han sido perseguidos, la mayoría de las personas de la fe que han muerto a lo largo de los siglos son ya simples cenizas, debido al proceso de descomposición de sus restos.

Mirando esto desde un punto de vista totalmente diferente, señalaré lo que ya sabemos acerca del ADN. En un mundo en el que hemos visto que se han identificado los componentes básicos de cada uno de nosotros en nuestra configuración científica, me parece muy claro que Dios no necesita un cuerpo real para crearnos de nuevo, o resucitarnos. Él tiene guardada la fórmula matemática en sus archivos divinos, fórmula que incluye nuestros veintitrés pares de cromosomas únicos que nos hacen ser lo que somos. Un edificio que se ha quemado por completo se puede reconstruir a partir de un buen conjunto de planos. Dios tiene nuestros planos.

Además, ten presente que Dios no se limitará a resucitar nuestro cuerpo antiguo, sino que va a darnos uno nuevo e imperecedero (1 Corintios 15). Algo de materia se tomará de nuestro cuerpo actual y se le añadirán otros ingredientes a nuestro cuerpo nuevo. Esto se halla por encima de mis conocimientos, pero la Biblia habla con una claridad increíble con respecto a esos resultados.

Al fin, cuando estemos pensando en lo que es mejor hacer con nuestro cuerpo físico después de la muerte, la solución se reduce a las intenciones y las actitudes de nuestro corazón. Ciertamente, Dios quiere que le mostremos respeto a nuestro cuerpo y lo tratemos con dignidad, tanto si está vivo, como si ya ha fallecido. Si enfocamos esta decisión a partir de una reverencia sincera por Dios y una devota sensibilidad hacia nuestra familia, creo que Dios puede honrar cualquier decisión que tomemos.

En la Biblia, la práctica que parece ser la común, en especial en el Antiguo Testamento, es la sepultura, pero debemos tener presente que la Biblia ni condena ni aprueba la incineración. Si quieres ir a lo seguro, decídete por el entierro. En cuanto a mí, aún no he decidido. ¡Sigo esperando el regreso de Cristo mientras estoy vivo y pido en mi oración que no tenga que tomar ninguna decisión!

¿Qué pasa con las personas que hacen predicciones acerca del regreso de Cristo?

A lo largo de los siglos, han sido numerosas las personas que han predicho el regreso de Cristo con gran seguridad y convicción. Hasta la fecha, todos ellos han estado equivocados. ¿Debemos fijar una fecha para el regreso de Cristo, o incluso prestarle atención?

Es bueno anhelar el regreso de Cristo. Recuerda que Juan termina toda la Biblia con una oración de petición: «¡Ven, Señor Jesús!» (Apocalipsis 22.20). Cuando llegamos a captar y aceptar una visión sólida de lo que Dios nos tiene reservado para toda la eternidad, tenemos que sentirnos sumamente emocionados ante la perspectiva de su llegada. No obstante, cuando a Jesús le preguntaron acerca de su venida, esto fue lo que respondió:

> Pero en cuanto al día y la hora, nadie lo sabe, ni siquiera los ángeles en el cielo, ni el Hijo, sino solo el Padre.
>
> —Mateo 24.36

Mientras estaba caminando en la tierra, Jesús dijo que ni él mismo sabía la fecha de su regreso. Es de suponer que si no la sabía, entonces no hay nadie, hombre ni mujer, por muy religioso o carismático que sea, que la sepa con seguridad.

Ahora bien, Jesús sí nos habló de que se producirían señales. Alguien ha dicho que más del treinta por ciento de la Biblia está formado por profecías. Algunas de ellas tienen que ver con el final de los tiempos y el regreso de Cristo. Puesto que nos fueron dadas, debemos comprenderlas y prestarles atención sin ir tan lejos como para llegar a predecir una fecha real. Me parece que la Biblia nos disuade fuertemente en cuanto a hacer este tipo de conjeturas. Pero si nos abstenemos de caminar en esa dirección, tendremos seguridad en cuanto a esperar y desear la venida de Cristo, e incluso se nos alentará a hacerlo.

En sus enseñanzas, Jesús dijo que debemos «mantenernos despiertos». Eso significa que debemos vivir cada día con la esperanza de su venida. Para ser sincero, es cierto que me parece que se estuviera tomando mucho tiempo. Me convertí en cristiano en el año 1974, a los catorce años. Nunca había estado en una iglesia antes de eso. Yo estaba asistiendo a la escuela bíblica de vacaciones que duró toda una semana del verano, y el tema principal de la semana era: «Acepta a Cristo antes de que vuelva y arrebate solamente a los creyentes para llevárselos al cielo». El pastor nunca lo dijo de forma explícita pero insinuó, en mi opinión, que Jesús volvería el viernes, al final de aquella escuela bíblica de vacaciones. Yo acepté a Cristo el jueves, cuando ya se estaba acabando el tiempo. El viernes llegué a la iglesia con una chaqueta deportiva roja que llevaba el emblema de un club campestre cosido en el frente, listo para ser arrebatado e ir al encuentro de mi recién hallado Salvador. Pero llegó, pasó la noche del viernes y Jesús no volvió. Lo positivo de todo esto es que, desde aquel día, he estado listo para cuando venga realmente a llevarnos consigo.

Recuerda las palabras de Pedro acerca de la diferencia entre los tiempos de Dios y los nuestros:

> Pero no olviden, queridos hermanos, que para el Señor un día es como mil años, y mil años como un día. El Señor no tarda en cumplir su promesa, según entienden algunos la tardanza. Más bien, él tiene paciencia con ustedes, porque no quiere que nadie perezca sino que todos se arrepientan.
>
> —2 Pedro 3.8-9

¿Cuál podría ser el beneficio que produciría el que Dios retrasara el regreso de Cristo? Pedro dice que el Señor no quiere «que nadie perezca sino que todos se arrepientan». Si Cristo viniera hoy, esa persona que habría tenido la oportunidad de aceptar a Jesús mañana, la habría perdido.

En Mateo 24.14, Jesús dijo: «Y este evangelio del reino se predicará en todo el mundo como testimonio a todas las naciones, y entonces vendrá el fin». Nuestro Dios amoroso y justo quiere asegurarse de que todas las naciones del mundo tengan una oportunidad para escuchar el ofrecimiento de vida en el reino de Dios antes de que envíe a su Hijo de vuelta a buscarnos. Hay quienes sugieren que estamos muy cerca de terminar con nuestra tarea, y que literalmente, podría quedar realizada durante el transcurso de nuestra vida.

Dios se le apareció a Abraham en el año 2091 a.c. y le prometió que haría crecer su familia, entonces compuesta por dos personas (Sara y él) hasta convertirla en una gran nación, y que desde esa nación serían bendecidas todas las demás (Génesis 12.1-3). La bendición definitiva sería la llegada del Mesías por medio del linaje de Abraham. ¿Cuánto habrías esperado que le tomara a Dios darnos a un hijo del linaje de Abraham para que lo viéramos como el Mesías? Porque la gente es gente, estoy seguro de que ellos pensaron que aquello sucedería mientras aún estaban vivos. Pues hicieron falta más de dos mil años para que Jesús hiciera su entrada en escena. Nos falta muy poco para que se completen los dos mil años desde que Jesús ascendió de vuelta al Padre después de su resurrección. Si estuvo en el plan bueno y soberano de Dios el tomarse dos mil años para que Cristo viniera por vez primera, no es ilógico sugerir que se halla también dentro del plan bueno y soberano de Dios el que se pasen otros dos mil años o más para que venga por segunda vez. No estoy fijando fecha alguna; solo te estoy ofreciendo, con mi chaqueta deportiva roja puesta, el consejo de Jesús: «Mantente despierto».

¿Qué ocurre con las experiencias de vida después de la muerte y las cercanas a la muerte?

Las experiencias de vida después de la muerte y las cercanas a la muerte me fascinan. Bueno, fascinan a millones de personas, si es que algo podemos aprender por las ventas de libros y películas que presentan ese tema. Nos sentimos muy deseosos de que sean ciertas. Tal vez lo sean, tal vez no. En un extremo de la gama amplia de opiniones, hay quienes se aferran a esas historias para que les den las evidencias que necesitan en cuanto a que hay más que esta vida. Otros critican con vehemencia esas experiencias, por razones muy diversas que van desde las médicas hasta las teológicas. En cuanto a mí, no tengo necesidad de socavar la experiencia personal de nadie. Sin embargo, mi compromiso y mi seguridad se encuentran dentro de las páginas de la Biblia. En esas páginas encuentro dos experiencias fiables posteriores a la muerte y dos que, aunque es posible que no califiquen, me dan toneladas de esperanza.

La primera tiene que ver con un personaje llamado Lázaro (Juan 11). Este no era el mismo hombre al que se refería Jesús en la parábola de Lucas 16, donde aparecen él y el hombre rico. Este era el hermano de María y Marta, de Betania. Lázaro había estado muerto durante un total de cuatro días (no cuatro horas). Ya lo habían envuelto en lienzos, lo habían colocado en una tumba y la habían cerrado con una gran piedra. En esas circunstancias, es difícil respirar. Lázaro no había estado cercano a la muerte; estuvo totalmente muerto.

Cuando Jesús llegó por fin a Betania, hizo que quitaran la piedra de la entrada a la tumba y le ordenó a Lázaro que se levantara y saliera. ¡Y él lo hizo! ¿Qué hizo después? El texto no recoge una sola palabra. Su experiencia de vida después de la muerte no es relevante para el objetivo de la historia. Más bien, fue Jesús quien nos señaló su propósito definitivo en una conversación que tuvo con el Padre:

> Entonces quitaron la piedra. Jesús, alzando la vista, dijo:
> —Padre, te doy gracias porque me has escuchado. Ya sabía yo que siempre me escuchas, pero lo dije por la gente que está aquí presente, para que crean que tú me enviaste.
>
> —Juan 11.41-42

Al final, lo más importante es que todo señalaría a la fe en Jesús. Nuestro enfoque no debe ser la vida después de la muerte, ni la experiencia cercana a la muerte, sino la experiencia personal y más importante con el único que salva, y la fe en él.

Puedo imaginarme a Lázaro contándole a Jesús en privado: «Estuve en el seno de Abraham con el otro Lázaro sobre el cual estuviste enseñando. Era un lugar muy reposado y pacífico. Solo tengo una pregunta: ¿Tengo que pasar otra vez por la muerte?». Por supuesto que la respuesta habrá sido que sí. Lázaro había sido devuelto a la vida, solo para que finalmente, sintiera la muerte otra vez más. Qué decepción, me parece a mí.

La segunda experiencia de vida después de la muerte en la Biblia es la del propio Jesús. Él murió y permaneció en la tumba durante tres días. El domingo por la mañana, se levantó de entre los muertos. Después se apareció ante centenares de personas. Su vuelta a la vida fue muy diferente a la de Lázaro. Jesús resucitó de una vez y para siempre. Venció a la muerte; ya no tendría que morir de nuevo.

A lo largo de los años, la gente ha leído acerca de ese suceso. Muchos han creído en él y muchos lo han rechazado. Tal vez dudes de la veracidad de las experiencias cercanas a la muerte, pero esta experiencia de vida después de la muerte es la única que importa en realidad. Tu decisión personal acerca de esta, en particular, va a ser el único factor determinante en cuanto a cuál va a ser tu propio punto eterno de destino al final de todo.

La historia que encontramos después en la Biblia tiene un tema y un tono similares a las experiencias modernas de cercanía a la muerte sobre las cuales leemos. Es la historia verídica de Esteban, el primer mártir de la Iglesia.

Esteban, después de haber sido apresado a la fuerza en Jerusalén por gente opuesta a la Iglesia naciente, pronunció un emocionante discurso que concluyó identificando a sus oyentes hostiles como los perpetradores del asesinato del Mesías. Eso los enfureció, por lo que decidieron apedrearlo hasta morir. En el momento de su decisión, mientras Esteban se hallaba vivo aún, le sucedió algo que era ajeno a lo ordinario:

> Pero Esteban, lleno del Espíritu Santo, fijó la mirada en el cielo y vio la gloria de Dios, y a Jesús de pie a la derecha de Dios. —¡Veo el cielo abierto —exclamó—, y al Hijo del hombre de pie a la derecha de Dios!
>
> —Hechos 7.55-56

Ese encuentro es similar a las historias que escuchamos de cristianos en los tiempos modernos, que han tenido experiencias cercanas a la muerte. Ven una luz; ven la gloria de Dios; ven a Jesús. Es interesante observar que en otros pasajes de las Escrituras, en los cuales Jesús se halla en el cielo junto al Padre, se encuentra sentado. En este caso, Jesús está de pie. Es como si le estuviera diciendo a Esteban: «Tú me has defendido en esta tierra, ahora yo te defenderé en el cielo. Mantén los ojos fijos en mí. Todo va a salir bien. Muy pronto vas a estar en mi presencia».

Después de eso, la turba sacó a Esteban de la ciudad y lo apedreó hasta morir. Su cuerpo murió, pero su espíritu fue a la presencia de Jesús. Lo poco que podemos ver en la visión de Esteban nos da esperanza mientras nos enfrentamos a nuestro propio valle de muerte.

Pablo tuvo una experiencia similar, aunque no estaba centrada en su muerte, sino en su lapidación en Listra. Esto es lo que escribió:

> Conozco a un seguidor de Cristo que hace catorce años fue llevado al tercer cielo (no sé si en el cuerpo o fuera del cuerpo; Dios lo sabe). Y sé que este hombre (no sé si en el cuerpo o aparte del cuerpo; Dios lo sabe) fue llevado al paraíso y escuchó cosas indecibles que a los humanos no se nos permite expresar.
>
> —2 Corintios 12.2-4

Pablo nos dice que vio «el tercer cielo» o «paraíso». El tercer cielo es un lugar más allá de la atmósfera de la tierra, más allá de los planetas y las estrellas, en la presencia misma de Dios. El apóstol reafirma la existencia de ese plano superior en su carta posterior a los creyentes de Éfeso: «El que descendió es el mismo que ascendió por encima de todos los cielos, para llenarlo todo» (4.10).

Se trata de la confirmación de que el lugar de habitación de los creyentes en el estado intermedio se halla más allá de nuestro universo. Es útil saberlo. ¿Qué más vio Pablo cuando estuvo en el tercer cielo? En realidad, no lo sabemos, porque lo que nos dice después es que lo que vio son «cosas indecibles que a los humanos no se nos permite expresar». Es interesante que en la actualidad las personas que tienen una experiencia de vida después de la muerte, o cercana a ella, hablan libremente de lo que vieron, mientras que Pablo sintió que no le estaba permitido a nadie hacerlo.

Al tener en cuenta las derivaciones que tiene el hecho de que en estos tiempos contemos todas nuestras experiencias de vida después de la muerte, o cercanas a ella, necesitamos regresar a la enseñanza de Jesús en Lucas 16 y a la historia del hombre rico y Lázaro. Cuando el hombre rico le suplicó a Abraham que permitiera que Lázaro volviera a la tierra para advertir a sus hermanos sobre la existencia del Hades, recordarás cuál fue la respuesta que le dio Abraham:

«Ya tienen a Moisés y a los profetas; ¡que les hagan caso a ellos!... Si no les hacen caso a Moisés y a los profetas, tampoco se convencerán aunque alguien se levante de entre los muertos».

—Lucas 16. 29, 31

Las experiencias de vida después de la muerte y cercanas a la muerte son muy fascinantes, al menos para mí. Si nos inspiran a acercarnos más a Dios y a aumentar nuestra esperanza en el más allá, está bien. Pero al fin y al cabo, es necesario que seamos capaces de mantenernos firmes en la certeza de que con la Palabra de Dios nos basta. Tal como dijo Abraham en este relato, tenemos las enseñanzas de Moisés y de los profetas, que nos señalan hacia Dios, pero los creyentes tenemos hoy veintisiete libros del Nuevo Testamento llenos de revelación nueva. Se nos ha dado un gran caudal de sabiduría y entendimiento que es suficiente para guiarnos hasta Jesús.

De todas las visiones celestiales, mi favorita es la que se encuentra en Apocalipsis 21—22. Y como está en la Palabra de Dios, puedo decir sin temor a equivocarme: «El cielo es real».

Unas palabras del autor

El muro de oración

La ciudad de Jerusalén alberga el famoso Muro de las Lamentaciones. Los judíos acuden a ese muro a diario para orar por la venida del Mesías, aquel que los salvará de sus pecados y restaurará su relación con Dios. Los cristianos celebramos que el Mesías ya vino. Se llama Jesús. Él nos abrió el camino a todos los seres humanos para que entremos en una relación personal con Dios.

Ahora nosotros vamos a nuestro propio «Muro de las Lamentaciones» a orar para que las personas crean en el Mesías y reciban el don de la vida eterna. Tal vez conozcas a alguien que no haya recibido a Cristo. Es posible que se trate de tu cónyuge o de uno de tus hijos, un vecino, un compañero de trabajo o un amigo. Hasta es posible que necesites poner un papel con tu propio nombre en ese muro. Te invito a que visites www.prayerwall.com y pongas el nombre de esa persona o personas en este muro, con el fin de que otras personas puedan orar por ellos en forma virtual contigo. Puedes usar el nombre o las iniciales; incluye el nombre del estado o país donde vive esa persona y deja una pequeña nota u oración. Tenemos un equipo de guerreros de la oración dedicados que van a orar con fidelidad por la persona cuyo nombre pongas en el muro. Te animamos para que te unas a nosotros y dediques un tiempo a orar por otra persona cuyo nombre esté en este muro. Dios nos está escuchando.

Preguntas para contestar en los grupos pequeños

Introducción: ¿Qué sucede después?

1. ¿Le tienes miedo a la muerte?
2. Si has perdido alguna persona con quien tenías lazos estrechos, relata tu experiencia y habla de la forma en que eso ha afectado tu fe.
3. En la página 15 leemos que Randy, al principio de su jornada, confesaba: «No creo en el cielo». ¿En qué punto te encuentras con respecto a tu creencia en el cielo y tu entusiasmo con respecto a él?
4. ¿De qué manera le han dado forma las películas, los programas de televisión y la literatura popular a tu manera de pensar acerca del más allá? (Busca la página 16).
5. En 1 Corintios 2.10 se nos dice que Dios ha revelado lo que tiene preparado para aquellos que le aman. ¿Cuál es la mayor pregunta, la que más anhelas que se te responda en este estudio?

Capítulo 1: ¿Es suficiente con Jesús?

1. En la página 21, Randy dice: «En realidad, ¿podría ser la salvación algo tan sencillo como recibir un regalo; en particular uno que no merecemos?... No hay ningún otro aspecto de la vida que dé tanto y exija tan poco del que lo recibe». ¿Qué piensas?
2. En la página 22, Randy se refiere a distintos pasos que señalan

diversas denominaciones cristianas para poder recibir la salvación y la vida eterna. ¿Cuál es tu antecedente, si es que tienes alguno, y cuáles son los pasos que ese grupo te pide que des?

3. ¿Estás de acuerdo con la interpretación de Randy en la página 25, donde reconcilia la conversación de Jesús con el joven rico y sus otras enseñanzas?

4. ¿Te parece que existe una gran diferencia entre comprender los pasos de la salvación y creerlos en tu corazón? (Busca las páginas 29 y 30). ¿Te parece que eso cambia de alguna forma las cosas en el resultado final de la salvación de la persona?

5. ¿Dirías que has creído personalmente en Jesús en tu corazón y confesado en público esta decisión ante otras personas? Si lo has hecho, cuenta tu experiencia. Si no, ¿qué te impide que lo hagas?

Capítulo 2: ¿Qué me sucederá si muero sin Cristo?

1. Randy escribió en la página 41: «El Antiguo Testamento dice muy poco acerca de la vida más allá de la muerte o de lo que nosotros hemos llamado "la vida en el intermedio" y el Nuevo Testamento solo tiene unos versículos acerca de esta segunda etapa». ¿Por qué piensas que sucede eso?

2. Si una persona lee Lucas 16 o este capítulo, ¿cómo es posible que siga rechazando a Cristo? ¿Qué cosa crees que hace que alguien lo rechace, incluso después de habérsele presentado esta enseñanza?

3. ¿Qué piensas con respecto a estas palabras que aparecen en la página 47: «Dios no envía a nadie al infierno; solo se limitará a respetar la decisión de cada persona»?

4. El hombre rico de Lucas 16 le rogó a Abraham que enviara de vuelta a Lázaro para que advirtiera a sus hermanos acerca del Hades. ¿Por

qué le dijo Abraham que eso no serviría para convencerlos? (Busca la página 48).

5. ¿Tienes a alguien que haya rechazado francamente el mensaje de este capítulo o que simplemente lo esté ignorando? Di su nombre en el grupo. Te sugerimos que añadas el nombre de esa persona al muro de oración para que otros oren por tu ser amado (ver página 165).

Capítulo 3: ¿Qué me sucederá si muero con Cristo?

1. Randy sugiere que en parte, el temor a la muerte procede del hecho de no haber pasado nunca por ella. ¿Qué te parece? (Busca la página 52).
2. En la página 57, Randy llega a la conclusión de que después de su muerte, pero antes de su resurrección, Jesús fue al seno de Abraham para liberar a los espíritus cuyos cuerpos murieron antes de su muerte, y llevarlos directamente a la presencia de Dios. ¿Por qué hizo eso Jesús? ¿Cómo te parece que fue ese encuentro para aquellos que lo experimentaron?
3. En 2 Corintios 5.8, Pablo dice: «Preferiríamos ausentarnos de este cuerpo y vivir junto al Señor». ¿Lo puedes decir tú también con toda sinceridad? Explica tu respuesta.
4. ¿Cuál era el secreto de Pablo para llegar al punto de emocionarse en cuanto a estar en la vida en el intermedio? (Busca las páginas 59-65).
5. Si has creído en Jesús, ¿qué es lo que más te emociona en cuanto a estar en el cielo?

Preguntas y respuestas sobre la vida en el intermedio

1. ¿Cómo te sientes en cuanto a vivir en el intermedio sin hallarte dentro de un cuerpo?
2. Si alguien te dijera que ha visto un fantasma, ¿qué le contestarías? (Busca la página 68.)
3. ¿En qué sentido sería beneficioso o perjudicial que nuestros seres amados nos vieran desde el cielo? (Busca la página 71).
4. Cristo pagó por todos nuestros pecados. ¿Crees que recibimos el perdón total de nuestros pecados pasados, presentes y futuros, cuando creímos en Cristo, o que necesitamos acercarnos continuamente a Dios para recibir ese perdón? (Busca la página 72).
5. Aunque la Biblia no enseña de forma explícita que haya diferentes niveles en el infierno, eso no quiere decir que no los haya. ¿Te parece que debería haber diversos grados de castigo, basados en la forma en la cual el incrédulo vivió en la tierra? (Busca la página 74).

Capítulo 4: ¿Qué sucederá si aún no he conocido a Cristo cuando vuelva?

1. ¿Por qué son declarados culpables todos los que comparezcan ante el gran trono blanco? (Busca la página 76).
2. ¿Has estado alguna vez en el funeral de una persona de la cual está claro que no confió en Cristo ni lo siguió durante su vida, pero el ministro oficiante te ha llevado a pensar que esa persona está en el cielo? ¿En qué sentido es eso bueno? ¿En qué sentido es peligroso?
3. ¿Cuántos pecados tiene que cometer una persona para convertirse en culpable y se la declare condenada? (Lee Santiago 2.10 y la página 86). ¿Por qué esas normas tan elevadas?
4. En la página 87, Randy dice que lanzar a la persona al lago de fuego

es «lo único que un Dios amoroso, justo y recto puede hacer». ¿Estás de acuerdo? Explica tu respuesta.

5. Después de leer las páginas 88-89, ¿estás de acuerdo con la posición del «tormento eterno» o «la aniquilación eterna»? ¿Por qué?

Capítulo 5: ¿Qué sucederá si ya conozco a Cristo cuando vuelva?

1. ¿Ha estremecido tu fe la muerte de algún ser querido? Si lo ha hecho, ¿en qué sentido?
2. El hecho de que nuestra morada eterna no esté *arriba en el cielo,* sino *abajo en la tierra nueva,* ¿es un descubrimiento nuevo para ti? ¿Qué piensas sobre esto? (Busca la página 101).
3. ¿Cómo piensas que va a ser tu encuentro real con Dios Padre, Hijo y Espíritu Santo? (Busca la página 100).
4. ¿Qué es lo que más esperas en cuanto a tu cuerpo nuevo imperecedero? (Busca la página 121).
5. ¿Qué es lo que más te intriga acerca de la nueva Jerusalén? (Busca las páginas 127-129).

Preguntas y respuestas sobre la vida eterna

1. Puesto que la Biblia afirma claramente que en el reino nuevo habrá recompensas (páginas 111-114), ¿qué cambiarías en tu vida presente para hacer crecer tu «cuenta divina de jubilación»? ¿Cuáles son las cosas que piensas que constituyen la madera, el heno, la hojarasca, el oro, la plata y las piedras preciosas?
2. Con la idea de que todas las clases de criaturas que haya en el reino nuevo se van a llevar bien (busca las páginas 114-117), ¿qué clase de mascota querrías tener? ¿Te gustaría quedarte con un gato o un perro

o tener un animal que fuera más peligroso e intocable en la tierra actual? De ser así, ¿cuál sería?

3. Randy dice en la página 117: «Creo que cuando el dedo índice de Jesús nos limpie las lágrimas de las mejillas, los recuerdos de nuestra vida anterior en la tierra vieja desaparecerán». Reflexiona sobre lo que te parece que esto significa y lo que no significa.

4. ¿Qué te parece que no haya quienes se casen ni se den en matrimonio en el reino nuevo? (Busca las páginas 118-121).

5. Randy afirma en la página 126 que él piensa que tendremos una dieta vegetariana en el reino nuevo, como la que tenían Adán y Eva en el huerto original. ¿Qué importancia tiene esto y cómo te sientes al respecto?

6. Habla sobre algunas de las actividades que tienes la esperanza de que sigan estando a nuestra disposición en el reino nuevo, para las cuales tal vez no tengamos tiempo suficiente en la vida presente. (Busca la páginas 128-129). ¿Te parece que tu trabajo o tu profesión se van a necesitar en el reino nuevo? (Busca la página 127).

Capítulo 6: Hasta entonces

1. Relata una historia de tu vida que demuestre el poder que tiene la anticipación.

2. ¿Por qué nos animan las Escrituras a «llevar una vida santa y piadosa» ahora, mientras esperamos nuestra vida futura con Dios? Presenta un ejemplo del aspecto que tiene esa clase de vida en la actualidad. (Busca la página 136).

3. ¿Cómo nos capacita la verdad sobre el más allá para que vivamos hoy sin temores? ¿Qué cosa práctica podemos hacer para que descienda nuestro nivel de temor en esta vida? (Busca la página 138).

4. Identifica a una persona que se sentiría animada por lo que has aprendido en este libro. ¿Cuál es la mejor manera de ofrecerle ese

aliento (una llamada telefónica, un texto, la entrega de una canción, el envío de una nota escrita)? ¡Adelante, hazlo! (Busca la página 144).
5. ¿Hay alguien que conozcas personalmente y que no haya aceptado a Cristo? ¿Qué podrías hacer para ser un testigo positivo de Cristo respecto a esa persona? (Busca la página 146).
6. Después de leer este libro, ¿sientes más deseos de decir la misma oración que Juan: «¡Ven, Señor Jesús!»? Explica tu respuesta.

Preguntas y respuestas sobre la vida presente

1. ¿Cómo te sientes al saber que hay un grupo de ángeles que te han sido asignados a ti personalmente? ¿Ha habido algún momento en tu vida en el cual hayas sentido su presencia o su participación en tu vida? (Busca la página 151).
2. En lo particular, ¿te parece que es correcto incinerar un cadáver? ¿Has tomado ya alguna decisión con respecto a tu cuerpo? (Busca las páginas 155-157).
3. Aunque no debemos hacer predicciones sobre el momento exacto del regreso de Cristo, ¿te parece que él regresará mientras aún estés en esta vida? Explica tu respuesta. (Busca la página 158).
4. ¿Qué piensas de las experiencias de vida después de la muerte y de las cercanas a ella? ¿Cómo se puede decidir si son experiencias ciertas? (Busca la página 160).
5. ¿Cuál es la pregunta que le querrías hacer a Dios cuando te encuentres con él?

Reconocimientos

Quiero darle las gracias a mi mejor amiga, y esposa, por treinta y cinco años. Comenzamos sentándonos juntos en la iglesia cuando yo era un quinceañero que solo tenía un año de haber creído. En cada una de las historias que leas en este libro a partir de mis quince años, Rozanne ha estado a mi lado sintiéndolas conmigo, creyendo en mí, consolándome, perdonándome y apoyándome. Ha leído todos mis libros, ha corregido su estilo y, en todos los casos, ha hecho que sean mucho mejores. Hasta hemos escrito juntos dos de ellos. Rozanne, al parecer, no voy a ser tu esposo en la tierra nueva; pero aun así, sigo planeando ser tu mejor amigo. Hasta que lleguen esos días, estimaré cada uno de los que nos queden juntos como esposos.

Jennifer, David, Stephen y Austin, nuestros cuatro hijos, han sido los motivadores más grandes de mi vida. No quiero ser un padre que se limite a hablar de las cosas; quiero tener suficiente confianza en Dios para vivir delante de ellos de forma que conozcan el camino. En los días en que me he conformado con menos, veo a mis hijos ya adultos, sus cónyuges (Desmond y Gretchen), y ahora mis primeros dos nietos (Ava y Crew Rand), y doy un paso adelante. Me interesa dejar un legado. Ahora más que nunca se cambiaron los papeles y ellos son los que me inspiran a mí. Estoy muy orgulloso de ustedes.

La sección favorita de Rozanne en este libro es la de preguntas y respuestas acerca de los ángeles guardianes. Bueno, es posible que mi ángel guardián sea

Nancy Zack, que ha sido mi asistente durante más de una década. Ella no solo me ayuda con cada libro que escribo, sino que también lo hace en todos los aspectos de mi vida. Piensa por mí. Me salva de mis disparates y mis manías. Ha honrado su profesión a la perfección. Nancy, si un ser humano pudiera ganarse unas alas, estoy totalmente seguro de que te ganarías un par de ellas, solo por velar por mí.

Siento una gran gratitud por Max Lucado, mi compañero de enseñanza en Oak Hills Church. Ha sido un gozo servir junto a uno de los escritores más prolíferos, eficaces y sinceros de nuestra generación. Las palabras de Max me inspiran, pero su manera de vivir me inspira aun más. Junto a Max y a mí se halla el maravilloso personal de Oak Hills, dirigido por Mark Tidwell. Son ellos los que se ponen en acción día tras día para servir a la ciudad de San Antonio y más allá de ella. Unidos, con la ayuda y la fortaleza de Dios, trabajamos juntos para aumentar la población del cielo.

Nunca he escrito un libro sin reconocer a Mike Reilly y a Bob Buford. Ambos hombres, por razones que aún no entiendo, han estado a mi lado desde mis veintitantos años, soplando el viento en mis velas fielmente. Su apoyo me ha permitido superar las olas más altas, pasar por tormentas difíciles y recorrer una gran cantidad de millas náuticas para el reino. Gracias, gracias.

Tengo buenas razones para regocijarme por mi equipo de Nelson Books. Son los mejores de los mejores. Para la mayoría de la gente, hacer libros es un negocio. Para ellos, es un ministerio; todo gira alrededor del impacto que hacen en las vidas de las personas. Jessica Wong, Janene MacIvor y Renée Chávez, mis editoras, han sido simplemente encantadoras. Han revisado cada capítulo, cada párrafo y cada palabra con el deseo de hacerlo todo lo mejor que se pueda para ti, lector. Los autores son gente delicada con mucho orgullo por el mensaje en el que creen tan fuertemente. Estos libros son nuestros bebés. A la mayoría de los padres no les gusta que otros les den consejos sobre la forma de criar a sus hijos. Jessica, Janene y Renée, en su estilo semejante al de Cristo, se acercaron a mí con gracia y me asombraron con su notable inteligencia y la alta calidad de su trabajo. Ellas son mis guardianas.

¿Quién se podría cansar de darle gracias a Dios? Yo no lo hago aleatoriamente. Sin Jesucristo, nada de lo que hay en este libro sería cierto. Él es digno y ha demostrado que lo es cumpliendo cada una de las promesas que ha hecho. Tengo la esperanza y la seguridad de que lo seguirá haciendo hasta que cumpla su promesa definitiva de la vida eterna con él en el reino nuevo. No tengo otro plan alternativo. No lo necesito.

—Randy Frazee
San Antonio, Texas

Textos bíblicos

Introducción

Conocerán la verdad, y la verdad los hará libres.

—Juan 8.32

Como está escrito:
«Ningún ojo ha visto,
　ningún oído ha escuchado,
ninguna mente humana ha concebido
　lo que Dios ha preparado para quienes lo aman.»

—1 Corintios 2.9-10

Capítulo 1: ¿Es suficiente con Jesús?

Como el cuerpo sin el espíritu está muerto, así también la fe sin obras está muerta.

—Santiago 2.26

En ningún otro hay salvación, porque no hay bajo el cielo otro nombre dado a los hombres mediante el cual podamos ser salvos.

—Hechos 4.12

Cuando Jesús estaba ya para irse, un hombre llegó corriendo y se postró delante de él.

—Maestro bueno —le preguntó—, ¿qué debo hacer para heredar la vida eterna?

—¿Por qué me llamas bueno? —respondió Jesús—. Nadie es bueno sino sólo Dios. Ya sabes los mandamientos: "No mates, no cometas adulterio, no robes, no presentes falso testimonio, no defraudes, honra a tu padre y a tu madre."

—Maestro —dijo el hombre—, todo eso lo he cumplido desde que era joven.

Jesús lo miró con amor y añadió:

—Una sola cosa te falta: anda, vende todo lo que tienes y dáselo a los pobres, y tendrás tesoro en el cielo. Luego ven y sígueme.

Al oír esto, el hombre se desanimó y se fue triste porque tenía muchas riquezas.

—Marcos 10.17-22

Porque por gracia ustedes han sido salvados mediante la fe; esto no procede de ustedes, sino que es el regalo de Dios, no por obras, para que nadie se jacte.

—Efesios 2.8-9

Porque tanto amó Dios al mundo, que dio a su Hijo unigénito, para que todo el que cree en él no se pierda, sino que tenga vida eterna.

—Juan 3.16

El que cree en el Hijo tiene vida eterna; pero el que rechaza al Hijo no sabrá lo que es esa vida, sino que permanecerá bajo el castigo de Dios.

—Juan 3.36

Ciertamente les aseguro que el que oye mi palabra y cree al que me envió, tiene vida eterna y no será juzgado, sino que ha pasado de la muerte a la vida.

—Juan 5.24

Porque la voluntad de mi Padre es que todo el que reconozca al Hijo y crea en él, tenga vida eterna, y yo lo resucitaré en el día final.

—Juan 6.40

Ciertamente les aseguro que el que cree tiene vida eterna.

—Juan 6.47

Que si confiesas con tu boca que Jesús es el Señor, y crees en tu corazón que Dios lo levantó de entre los muertos, serás salvo. Porque con el corazón se cree para ser justificado, pero con la boca se confiesa para ser salvo.

—Romanos 10.9-10

¿De qué le sirve a uno ganar el mundo entero si se pierde o se destruye a sí mismo? Si alguien se avergüenza de mí y de mis palabras, el Hijo del hombre se avergonzará de él cuando venga en su gloria y en la gloria del Padre y de los santos ángeles.

—Lucas 9.25-26

«Por tanto, sépalo bien todo Israel que a este Jesús, a quien ustedes crucificaron, Dios lo ha hecho Señor y Mesías.»

Cuando oyeron esto, todos se sintieron profundamente conmovidos y les dijeron a Pedro y a los otros apóstoles:

—Hermanos, ¿qué debemos hacer?

—Arrepiéntase y bautícese cada uno de ustedes en el nombre de

Jesucristo para perdón de sus pecados —les contestó Pedro—, y recibirán el don del Espíritu Santo. En efecto, la promesa es para ustedes, para sus hijos y para todos los extranjeros, es decir, para todos aquellos a quienes el Señor nuestro Dios quiera llamar.

—Hechos 2.36-39

    Todos andábamos perdidos, como ovejas;
        cada uno seguía su propio camino,
    pero el Señor hizo recaer sobre él
        la iniquidad de todos nosotros.

—Isaías 53.6

Ustedes estudian con diligencia las Escrituras porque piensan que en ellas hallan la vida eterna. ¡Y son ellas las que dan testimonio en mi favor! Sin embargo, ustedes no quieren venir a mí para tener esa vida.

—Juan 5.39-40

Capítulo 2: ¿Qué me sucederá si muero sin Cristo?

De modo que Matusalén murió a los novecientos sesenta y nueve años de edad.

—Génesis 5.27

«Había un hombre rico que se vestía lujosamente y daba espléndidos banquetes todos los días. A la puerta de su casa se tendía un mendigo llamado Lázaro, que estaba cubierto de llagas y que hubiera querido llenarse el estómago con lo que caía de la mesa del rico. Hasta los perros se acercaban y le lamían las llagas.

Hasta entonces

»Resulta que murió el mendigo, y los ángeles se lo llevaron para que estuviera al lado de Abraham. También murió el rico, y lo sepultaron. En el infierno, en medio de sus tormentos, el rico levantó los ojos y vio de lejos a Abraham, y a Lázaro junto a él. Así que alzó la voz y lo llamó: "Padre Abraham, ten compasión de mí y manda a Lázaro que moje la punta del dedo en agua y me refresque la lengua, porque estoy sufriendo mucho en este fuego." Pero Abraham le contestó: "Hijo, recuerda que durante tu vida te fue muy bien, mientras que a Lázaro le fue muy mal; pero ahora a él le toca recibir consuelo aquí, y a ti, sufrir terriblemente. Además de eso, hay un gran abismo entre nosotros y ustedes, de modo que los que quieren pasar de aquí para allá no pueden, ni tampoco pueden los de allá para acá".

—Lucas 16.19-26

Todos andábamos perdidos, como ovejas;
    cada uno seguía su propio camino,
pero el Señor hizo recaer sobre él
    la iniquidad de todos nosotros.

—Isaías 53.6

Luego dirá a los que estén a su izquierda: «Apártense de mí, malditos, al fuego eterno preparado para el diablo y sus ángeles.»

—Mateo 25.41

Son violentas olas del mar, que arrojan la espuma de sus actos vergonzosos. Son estrellas fugaces, para quienes está reservada eternamente la más densa oscuridad.

—Judas 13

Ellos sufrirán el castigo de la destrucción eterna, lejos de la presencia del Señor y de la majestad de su poder.

—2 Tesalonicenses 1.9

Entonces Dios el Señor expulsó al ser humano del jardín del Edén, para que trabajara la tierra de la cual había sido hecho. Luego de expulsarlo, puso al oriente del jardín del Edén a los querubines, y una espada ardiente que se movía por todos lados, para custodiar el camino que lleva al árbol de la vida.

—Génesis 3.23-24

Él respondió: «Entonces te ruego, padre, que mandes a Lázaro a la casa de mi padre, para que advierta a mis cinco hermanos y no vengan ellos también a este lugar de tormento.»

Pero Abraham le contestó: «Ya tienen a Moisés y a los profetas; ¡que les hagan caso a ellos!»

No les harán caso, padre Abraham —replicó el rico—; en cambio, si se les presentara uno de entre los muertos, entonces sí se arrepentirían.

Abraham le dijo: «Si no les hacen caso a Moisés y a los profetas, tampoco se convencerán aunque alguien se levante de entre los muertos.»

—Lucas 16.27-31

Y así como está establecido que los seres humanos mueran una sola vez, y después venga el juicio.

—Hebreos 9.27

Capítulo 3: ¿Qué me sucederá si muero con Cristo?

Entonces Dios el Señor expulsó al ser humano del jardín del Edén, para que trabajara la tierra de la cual había sido hecho. Luego de expulsarlo, puso al oriente del jardín del Edén a los querubines, y una espada ardiente que se movía por todos lados, para custodiar el camino que lleva al árbol de la vida.

—Génesis 3.23-24

«Este les será un estatuto perpetuo: Una vez al año se deberá hacer propiciación por todos los israelitas a causa de todos sus pecados.»

—Levítico 16.34

La ley es sólo una sombra de los bienes venideros, y no la presencia misma de estas realidades. Por eso nunca puede, mediante los mismos sacrificios que se ofrecen sin cesar año tras año, hacer perfectos a los que adoran. De otra manera, ¿no habrían dejado ya de hacerse sacrificios? Pues los que rinden culto, purificados de una vez por todas, ya no se habrían sentido culpables de pecado. Pero esos sacrificios son un recordatorio anual de los pecados, ya que es imposible que la sangre de los toros y de los machos cabríos quite los pecados.

—Hebreos 10.1-4

Al día siguiente Juan vio a Jesús que se acercaba a él, y dijo: «¡Aquí tienen al Cordero de Dios, que quita el pecado del mundo!»

—Juan 1.29

Por eso, al entrar en el mundo, Cristo dijo:
«A ti no te complacen sacrificios ni ofrendas;

    en su lugar, me preparaste un cuerpo;

no te agradaron ni holocaustos

    ni sacrificios por el pecado.

Por eso dije: "Aquí me tienes —como el libro dice de mí—.

He venido, oh Dios, a hacer tu voluntad."»

Primero dijo: «Sacrificios y ofrendas, holocaustos y expiaciones no te complacen ni fueron de tu agrado» (a pesar de que la ley exigía que se ofrecieran). Luego añadió: «Aquí me tienes: He venido a hacer tu voluntad.» Así quitó lo primero para establecer lo segundo. Y en virtud de esa voluntad somos santificados mediante el sacrificio del cuerpo de Jesucristo, ofrecido una vez y para siempre.

—Hebreos 10.5-10

—Te aseguro que hoy estarás conmigo en el paraíso —le contestó Jesús.

—Lucas 23.43

El que tenga oídos, que oiga lo que el Espíritu dice a las iglesias. Al que salga vencedor le daré derecho a comer del árbol de la vida, que está en el paraíso de Dios.

—Apocalipsis 2.7

Pues sabemos que aquel que resucitó al Señor Jesús nos resucitará también a nosotros con él y nos llevará junto con ustedes a su presencia.

—2 Corintios 4.14

Que si confiesas con tu boca que Jesús es el Señor, y crees en tu corazón que Dios lo levantó de entre los muertos, serás salvo.

—Romanos 10.9

Por tanto, no nos desanimamos. Al contrario, aunque por fuera nos vamos desgastando, por dentro nos vamos renovando día tras día. Pues los sufrimientos ligeros y efímeros que ahora padecemos producen una gloria eterna que vale muchísimo más que todo sufrimiento. Así que no nos fijamos en lo visible sino en lo invisible, ya que lo que se ve es pasajero, mientras que lo que no se ve es eterno. De hecho, sabemos que si esta tienda de campaña en que vivimos se deshace, tenemos de Dios un edificio, una casa eterna en el cielo, no construida por manos humanas.

—2 Corintios 4.16—5.1

Mientras tanto suspiramos, anhelando ser revestidos de nuestra morada celestial, porque cuando seamos revestidos, no se nos hallará desnudos. Realmente, vivimos en esta tienda de campaña, suspirando y agobiados, pues no deseamos ser desvestidos sino revestidos, para que lo mortal sea absorbido por la vida. Es Dios quien nos ha hecho para este fin y nos ha dado su Espíritu como garantía de sus promesas.

—2 Corintios 5.2-5

Por eso mantenemos siempre la confianza, aunque sabemos que mientras vivamos en este cuerpo estaremos alejados del Señor. Vivimos por fe, no por vista. Así que nos mantenemos confiados, y preferiríamos ausentarnos de este cuerpo y vivir junto al Señor.

—2 Corintios 5.6-8

Porque para mí el vivir es Cristo y el morir es ganancia. Ahora bien, si seguir viviendo en este mundo representa para mí un trabajo fructífero, ¿qué escogeré? ¡No lo sé! Me siento presionado por dos posibilidades: deseo partir y estar con Cristo, que es muchísimo mejor.

—Filipenses 1.21-23

Es más, todo lo considero pérdida por razón del incomparable valor de conocer a Cristo Jesús, mi Señor. Por él lo he perdido todo, y lo tengo por estiércol, a fin de ganar a Cristo.

—Filipenses 3.8

Preguntas y respuestas sobre la vida en el intermedio

Hermanos, no queremos que ignoren lo que va a pasar con los que ya han muerto, para que no se entristezcan como esos otros que no tienen esperanza.

—1 Tesalonicenses 4.13

—¿Por qué se asustan tanto? —les preguntó—. ¿Por qué les vienen dudas? Miren mis manos y mis pies. ¡Soy yo mismo! Tóquenme y vean; un espíritu no tiene carne ni huesos, como ven que los tengo yo.

—Lucas 24.38-39

—No tienes nada que temer —dijo el rey—. Dime lo que has visto.

—Veo un espíritu que sube de la tierra —respondió ella.

—¿Y qué aspecto tiene?

—El de un anciano, que sube envuelto en un manto.

Hasta entonces

Al darse cuenta Saúl de que era Samuel, se postró rostro en tierra.

Samuel le dijo a Saúl:

—¿Por qué me molestas, haciéndome subir?

—Estoy muy angustiado —respondió Saúl—. Los filisteos me están atacando, y Dios me ha abandonado. Ya no me responde, ni en sueños ni por medio de profetas. Por eso decidí llamarte, para que me digas lo que debo hacer.

—1 Samuel 28.13-15

No acudan a la nigromancia, ni busquen a los espiritistas, porque se harán impuros por causa de ellos. Yo soy el Señor su Dios.

—Levítico 19.31

No acudan a la nigromancia, ni busquen a los espiritistas, porque se harán impuros por causa de ellos. Yo soy el Señor su Dios.

—Isaías 8.19

Pero, como tenía en cuenta que a los que morían piadosamente los aguardaba una gran recompensa, su intención era santa y piadosa. Por esto hizo ofrecer ese sacrificio por los muertos, para que Dios les perdonara su pecado.

—2 Macabeos 12.45, dhh

Pero ahora Dios, a fin de presentarlos santos, intachables e irreprochables delante de él, los ha reconciliado en el cuerpo mortal de Cristo mediante su muerte.

—Colosenses 1.22

—No tendrías ningún poder sobre mí si no se te hubiera dado de arriba —le contestó Jesús—. Por eso el que me puso en tus manos es culpable de un pecado más grande.

—Juan 19.11

Cualquiera que rechazaba la ley de Moisés moría irremediablemente por el testimonio de dos o tres testigos. ¿Cuánto mayor castigo piensan ustedes que merece el que ha pisoteado al Hijo de Dios, que ha profanado la sangre del pacto por la cual había sido santificado, y que ha insultado al Espíritu de la gracia?

—Hebreos 10.28-29

El año de la muerte del rey Uzías, vi al Señor excelso y sublime, sentado en un trono; las orlas de su manto llenaban el templo.

—Isaías 6.1

Capítulo 4: ¿Qué sucederá si aún no he conocido a Cristo cuando vuelva?

Luego vi el cielo abierto, y apareció un caballo blanco. Su jinete se llama Fiel y Verdadero. Con justicia dicta sentencia y hace la guerra. Sus ojos resplandecen como llamas de fuego, y muchas diademas ciñen su cabeza. Lleva escrito un nombre que nadie conoce sino sólo él. Está vestido de un manto teñido en sangre, y su nombre es «el Verbo de Dios». Lo siguen los ejércitos del cielo, montados en caballos blancos y vestidos de lino fino, blanco y limpio. De su boca sale una espada afilada, con la que herirá a las naciones. «Las gobernará con puño de hierro". Él mismo exprime uvas en el lagar del

furor del castigo que viene de Dios Todopoderoso. En su manto y sobre el muslo lleva escrito este nombre:
REY DE REYES Y SEÑOR DE SEÑORES.
—Apocalipsis 19.11-16

Así fue expulsado el gran dragón, aquella serpiente antigua que se llama Diablo y Satanás, y que engaña al mundo entero. Junto con sus ángeles, fue arrojado a la tierra... Sujetó al dragón, a aquella serpiente antigua que es el diablo y Satanás, y lo encadenó por mil años.
—Apocalipsis 12.9; 20.2

Luego vi un gran trono blanco y a alguien que estaba sentado en él. De su presencia huyeron la tierra y el cielo, sin dejar rastro alguno.
—Apocalipsis 20.11

Vi también a los muertos, grandes y pequeños, de pie delante del trono. Se abrieron unos libros, y luego otro, que es el libro de la vida. Los muertos fueron juzgados según lo que habían hecho, conforme a lo que estaba escrito en los libros. El mar devolvió sus muertos; la muerte y el infierno devolvieron los suyos; y cada uno fue juzgado según lo que había hecho.
—Apocalipsis 20.12-13

Ciertamente les aseguro que el que oye mi palabra y cree al que me envió, tiene vida eterna y no será juzgado, sino que ha pasado de la muerte a la vida.
—Juan 5.24

Por lo tanto, ya no hay ninguna condenación para los que están unidos a Cristo Jesús... ¿Quién acusará a los que Dios ha escogido? Dios es el que justifica. ¿Quién condenará? Cristo Jesús es el que murió, e incluso resucitó, y está a la derecha de Dios e intercede por nosotros.

—Romanos 8.1, 33-34

La muerte y el infierno fueron arrojados al lago de fuego. Este lago de fuego es la muerte segunda. Aquel cuyo nombre no estaba escrito en el libro de la vida era arrojado al lago de fuego.

—Apocalipsis 20.14-15

El diablo, que los había engañado, será arrojado al lago de fuego y azufre, donde también habrán sido arrojados la bestia y el falso profeta. Allí serán atormentados día y noche por los siglos de los siglos.

—Apocalipsis 20.10

No teman a los que matan el cuerpo pero no pueden matar el alma. Teman más bien al que puede destruir alma y cuerpo en el infierno.

—Mateo 10.28

Pero los cobardes, los incrédulos, los abominables, los asesinos, los que cometen inmoralidades sexuales, los que practican artes mágicas, los idólatras y todos los mentirosos recibirán como herencia el lago de fuego y azufre. Ésta es la segunda muerte.

—Apocalipsis 21.8

Capítulo 5: ¿Qué sucederá si ya conozco a Cristo cuando vuelva?

Como está escrito:
«Ningún ojo ha visto,
    ningún oído ha escuchado,
ninguna mente humana ha concebido
    lo que Dios ha preparado para quienes lo aman.»

Ahora bien, Dios nos ha revelado esto por medio de su Espíritu, pues el Espíritu lo examina todo, hasta las profundidades de Dios.

—1 Corintios 2.9-10

Mientras aguardamos la bendita esperanza, es decir, la gloriosa venida de nuestro gran Dios y Salvador Jesucristo.

—Tito 2.13

Lo cierto es que Cristo ha sido levantado de entre los muertos, como primicias de los que murieron. De hecho, ya que la muerte vino por medio de un hombre, también por medio de un hombre viene la resurrección de los muertos. Pues así como en Adán todos mueren, también en Cristo todos volverán a vivir... Les declaro, hermanos, que el cuerpo mortal no puede heredar el reino de Dios, ni lo corruptible puede heredar lo incorruptible. Fíjense bien en el misterio que les voy a revelar: No todos moriremos, pero todos seremos transformados, en un instante, en un abrir y cerrar de ojos, al toque final de la trompeta. Pues sonará la trompeta y los muertos resucitarán con un cuerpo incorruptible, y nosotros seremos transformados. Porque lo corruptible tiene que revestirse de lo incorruptible, y lo mortal, de inmortalidad. Cuando lo corruptible se revista de lo incorruptible, y lo mortal, de inmortalidad, entonces se cumplirá lo que está escrito: «La muerte ha sido devorada por la victoria.»

—1 Corintios 15.20-22, 50-54

Oí una potente voz que provenía del trono y decía: «¡Aquí, entre los seres humanos, está la morada de Dios! Él acampará en medio de ellos, y ellos serán su pueblo; Dios mismo estará con ellos y será su Dios.»

—Apocalipsis 21.3

Después vi un cielo nuevo y una tierra nueva, porque el primer cielo y la primera tierra habían dejado de existir, lo mismo que el mar. Vi además la ciudad santa, la nueva Jerusalén, que bajaba del cielo, procedente de Dios, preparada como una novia hermosamente vestida para su prometido. Oí una potente voz que provenía del trono y decía: «¡Aquí, entre los seres humanos, está la morada de Dios! Él acampará en medio de ellos, y ellos serán su pueblo; Dios mismo estará con ellos y será su Dios. Él les enjugará toda lágrima de los ojos. Ya no habrá muerte, ni llanto, ni lamento ni dolor, porque las primeras cosas han dejado de existir.»

El que estaba sentado en el trono dijo: «¡Yo hago nuevas todas las cosas!» Y añadió: «Escribe, porque estas palabras son verdaderas y dignas de confianza.»

—Apocalipsis 21.1-5

El ángel que hablaba conmigo llevaba una caña de oro para medir la ciudad, sus puertas y su muralla. La ciudad era cuadrada; medía lo mismo de largo que de ancho. El ángel midió la ciudad con la caña, y tenía dos mil doscientos kilómetros: su longitud, su anchura y su altura eran iguales. Midió también la muralla, y tenía sesenta y cinco metros, según las medidas humanas que el ángel empleaba.

—Apocalipsis 21.15-17

«No se angustien. Confíen en Dios, y confíen también en mí. En el hogar de mi Padre hay muchas viviendas; si no fuera así, ya se lo habría dicho a ustedes. Voy a prepararles un lugar. Y si me voy y se lo preparo, vendré para llevármelos conmigo. Así ustedes estarán donde yo esté.»

—Juan 14.1-3

No se turbe vuestro corazón; creéis en Dios, creed también en mí. En la casa de mi Padre muchas moradas hay; si así no fuera, yo os lo hubiera dicho; voy, pues, a preparar lugar para vosotros. Y si me fuere y os preparare lugar, vendré otra vez, y os tomaré a mí mismo, para que donde yo estoy, vosotros también estéis.

—Juan 14.1-3, rvr60

La muralla estaba hecha de jaspe, y la ciudad era de oro puro, semejante a cristal pulido. Los cimientos de la muralla de la ciudad estaban decorados con toda clase de piedras preciosas: el primero con jaspe, el segundo con zafiro, el tercero con ágata, el cuarto con esmeralda, el quinto con ónice, el sexto con cornalina, el séptimo con crisólito, el octavo con berilo, el noveno con topacio, el décimo con crisoprasa, el undécimo con jacinto y el duodécimo con amatista. Las doce puertas eran doce perlas, y cada puerta estaba hecha de una sola perla. La calle principal de la ciudad era de oro puro, como cristal transparente.

—Apocalipsis 21.18-21

No vi ningún templo en la ciudad, porque el Señor Dios Todopoderoso y el Cordero son su templo. La ciudad no necesita ni sol ni luna que la alumbren, porque la gloria de Dios la ilumina, y el Cordero es su lumbrera. Las naciones caminarán a la luz de la ciudad, y los reyes de la tierra le entregarán sus espléndidas riquezas. Sus puertas estarán abiertas todo el día, pues allí no habrá noche. Y llevarán a ella todas las riquezas y el honor de las naciones. Nunca entrará en ella nada impuro, ni los idólatras ni los farsantes, sino sólo aquellos que tienen su nombre escrito en el libro de la vida, el libro del Cordero.

—Apocalipsis 21.22-27

Luego el ángel me mostró un río de agua de vida, claro como el cristal, que salía del trono de Dios y del Cordero, y corría por el centro de la calle principal de la ciudad. A cada lado del río estaba el árbol de la vida, que produce doce cosechas al año, una por mes; y las hojas del árbol son para la salud de las naciones. Ya no habrá maldición. El trono de Dios y del Cordero estará en la ciudad. Sus siervos lo adorarán; lo verán cara a cara, y llevarán su nombre en la frente. Ya no habrá noche; no necesitarán luz de lámpara ni de sol, porque el Señor Dios los alumbrará. Y reinarán por los siglos de los siglos.

—Apocalipsis 22.1-5

Preguntas y respuestas sobre la vida eterna

Porque es necesario que todos comparezcamos ante el tribunal de Cristo, para que cada uno reciba lo que le corresponda, según lo bueno o malo que haya hecho mientras vivió en el cuerpo.

—2 Corintios 5.10

El que siembra y el que riega están al mismo nivel, aunque cada uno será recompensado según su propio trabajo... porque nadie puede poner un fundamento diferente del que ya está puesto, que es Jesucristo. Si alguien construye sobre este fundamento, ya sea con oro, plata y piedras preciosas, o con madera, heno y paja, su obra se mostrará tal cual es, pues el día del juicio la dejará al descubierto. El fuego la dará a conocer, y pondrá a prueba la calidad del trabajo de cada uno. Si lo que alguien ha construido permanece, recibirá su recompensa, pero si su obra es consumida por las llamas, él sufrirá pérdida. Será salvo, pero como quien pasa por el fuego.

—1 Corintios 3.8, 11-15

Porque el Hijo del hombre ha de venir en la gloria de su Padre con sus ángeles, y entonces recompensará a cada persona según lo que haya hecho.

—Mateo 16.27

La religión pura y sin mancha delante de Dios nuestro Padre es ésta: atender a los huérfanos y a las viudas en sus aflicciones, y conservarse limpio de la corrupción del mundo.

—Santiago 1.27

Entonces serás dichoso, pues aunque ellos no tienen con qué recompensarte, serás recompensado en la resurrección de los justos.

—Lucas 14.14

Pero yo les digo que en el día del juicio todos tendrán que dar cuenta de toda palabra ociosa que hayan pronunciado.

—Mateo 12.36

Por lo tanto, no juzguen nada antes de tiempo; esperen hasta que venga el Señor. Él sacará a la luz lo que está oculto en la oscuridad y pondrá al descubierto las intenciones de cada corazón. Entonces cada uno recibirá de Dios la alabanza que le corresponda.

—1 Corintios 4.5

Porque aunque la conciencia no me remuerde, no por eso quedo absuelto; el que me juzga es el Señor.

—1 Corintios 4.4

No acumulen para sí tesoros en la tierra, donde la polilla y el óxido destruyen, y donde los ladrones se meten a robar. Más bien, acumulen para sí tesoros en el cielo, donde ni la polilla ni el óxido carcomen, ni los ladrones se meten a robar.

—Mateo 6.19-20

Y dijo Dios. «¡Que rebosen de seres vivientes las aguas,
   y que vuelen las aves sobre la tierra
      a lo largo del firmamento!»
Y creó Dios los grandes animales marinos,
   y todos los seres vivientes
que se mueven y pululan en las aguas
   y todas las aves,
      según su especie.
Y Dios consideró que esto era bueno,
   y los bendijo con estas palabras:
«Sean fructíferos y multiplíquense;
   llenen las aguas de los mares.
¡Que las aves se multipliquen sobre la tierra!»

—Génesis 1.20-22

Y dijo Dios. «¡Que produzca la tierra seres vivientes.

    animales domésticos, animales salvajes,

        y reptiles, según su especie!»

Y sucedió así.

Dios hizo los animales domésticos,

    los animales salvajes, y todos los reptiles,

    según su especie.

Y Dios consideró que esto era bueno

—Génesis 1.24-25

El lobo y el cordero pacerán juntos;

    el león comerá paja como el buey,

        y la serpiente se alimentará de polvo.

En todo mi monte santo

    no habrá quien haga daño ni destruya»,

dice el Señor.

—Isaías 65.25

El lobo vivirá con el cordero,

    el leopardo se echará con el cabrito,

y juntos andarán el ternero y el cachorro de león,

    y un niño pequeño los guiará.

—Isaías 11.6

Él les enjugará toda lágrima de los ojos. Ya no habrá muerte, ni llanto, ni lamento ni dolor, porque las primeras cosas han dejado de existir.

—Apocalipsis 21.4

Presten atención, que estoy por crear

    un cielo nuevo y una tierra nueva.

No volverán a mencionarse las cosas pasadas,

>> ni se traerán a la memoria.
> Alégrense más bien, y regocíjense por siempre,
>> por lo que estoy a punto de crear:
> Estoy por crear una Jerusalén feliz,
>> un pueblo lleno de alegría.
> Me regocijaré por Jerusalén
>> y me alegraré en mi pueblo;
> no volverán a oírse en ella
>> voces de llanto ni gritos de clamor.
>
> —Isaías 65.17-19

Ahora bien, en la resurrección, ¿de cuál de los siete será esposa esta mujer, ya que todos estuvieron casados con ella?

Jesús les contestó.

—Ustedes andan equivocados porque desconocen las Escrituras y el poder de Dios. En la resurrección, las personas no se casarán ni serán dadas en casamiento, sino que serán como los ángeles que están en el cielo. Pero en cuanto a la resurrección de los muertos, ¿no han leído lo que Dios les dijo a ustedes: «Yo soy el Dios de Abraham, de Isaac y de Jacob»? él no es Dios de muertos, sino de vivos.

—Mateo 22.28-32

«Por eso dejará el hombre a su padre y a su madre, y se unirá a su esposa, y los dos llegarán a ser un solo cuerpo.» Esto es un misterio profundo; yo me refiero a Cristo y a la iglesia.

—Efesios 5.31-32

Tal vez alguien pregunte. «¿Cómo resucitarán los muertos? ¿Con qué clase de cuerpo vendrán?» ¡Qué tontería! Lo que tú siembras no cobra vida a menos que muera. No plantas el cuerpo que luego ha de nacer sino que siembras una simple semilla de trigo o de otro grano. Pero Dios le da el cuerpo que quiso darle, y a cada clase de semilla le da un cuerpo propio.

1 Corintios 15.35-38

Así sucederá también con la resurrección de los muertos. Lo que se siembra en corrupción, resucita en incorrupción; lo que se siembra en oprobio, resucita en gloria; lo que se siembra en debilidad, resucita en poder; se siembra un cuerpo natural, resucita un cuerpo espiritual.

—1 Corintios 15.42-44

El primer hombre era del polvo de la tierra; el segundo hombre, del cielo. Como es aquel hombre terrenal, así son también los de la tierra; y como es el celestial, así son también los del cielo. Y así como hemos llevado la imagen de aquel hombre terrenal, llevaremos también la imagen del celestial.

—1 Corintios 15.47-49

Después de esto miré, y apareció una multitud tomada de todas las naciones, tribus, pueblos y lenguas; era tan grande que nadie podía contarla. Estaban de pie delante del trono y del Cordero, vestidos de túnicas blancas y con ramas de palma en la mano. [10] Gritaban a gran voz:

«¡La salvación viene de nuestro Dios,
> que está sentado en el trono,
>> y del Cordero!»

—Apocalipsis 7.9-10

Danos hoy nuestro pan cotidiano.

—Mateo 6.11

Les digo que no volveré a beber del fruto de la vid hasta que venga el reino de Dios ... Por eso, yo mismo les concedo un reino, así como mi Padre me lo concedió a mí, para que coman y beban a mi mesa en mi reino, y se sienten en tronos para juzgar a las doce tribus de Israel.

—Lucas 22.18, 29-30

El ángel me dijo. «Escribe: "¡Dichosos los que han sido convidados a la cena de las bodas del Cordero!"» Y añadió: «Estas son las palabras verdaderas de Dios.»

—Apocalipsis 19.9

> Sobre este monte, el Señor Todopoderoso
> preparará para todos los pueblos
> un banquete de manjares especiales,
> un banquete de vinos añejos,
> de manjares especiales y de selectos vinos añejos.

—Isaías 25.6

Todo lo que se mueve y tiene vida, al igual que las verduras, les servirá de alimento. Yo les doy todo esto.

—Génesis 9.3

«Él les enjugará toda lágrima de los ojos. Ya no habrá muerte, ni llanto, ni lamento ni dolor, porque las primeras cosas han dejado de existir.»

—Apocalipsis 21.4

Porque cada vez que comen este pan y beben de esta copa, proclaman la muerte del Señor hasta que él venga.

—1 Corintios 11.26

Capítulo 6: Hasta entonces

Todos ellos vivieron por la fe, y murieron sin haber recibido las cosas prometidas; más bien, las reconocieron a lo lejos, y confesaron que eran extranjeros y peregrinos en la tierra. Al expresarse así, claramente dieron a entender que andaban en busca de una patria. Si hubieran estado pensando en aquella patria de donde habían emigrado, habrían tenido oportunidad de regresar a ella. Antes bien, anhelaban una patria mejor, es decir, la celestial. Por lo tanto, Dios no se avergonzó de ser llamado su Dios, y les preparó una ciudad.

—Hebreos 11.13-16

Pero el día del Señor vendrá como un ladrón. En aquel día los cielos desaparecerán con un estruendo espantoso, los elementos serán destruidos por el fuego, y la tierra, con todo lo que hay en ella, será quemada.

Ya que todo será destruido de esa manera, ¿no deberían vivir ustedes como Dios manda, siguiendo una conducta intachable y esperando ansiosamente la venida del día de Dios? Ese día los cielos serán destruidos por el fuego, y los elementos se derretirán con el calor de las llamas. Pero, según su promesa, esperamos un cielo nuevo y una tierra nueva, en los que habite la justicia.

—2 Pedro 3.10-13

Su destino es la destrucción, adoran al dios de sus propios deseos y se enorgullecen de lo que es su vergüenza. Sólo piensan en lo terrenal. En cambio, nosotros somos ciudadanos del cielo, de donde anhelamos recibir al Salvador, el Señor Jesucristo. Él transformará nuestro cuerpo miserable para que sea como su cuerpo glorioso, mediante el poder con que somete a sí mismo todas las cosas.

—Filipenses 3.19-21

«Y diré: Alma mía, ya tienes bastantes cosas buenas guardadas para muchos años. Descansa, come, bebe y goza de la vida.»

—Lucas 12.19

¿Qué he ganado si, sólo por motivos humanos, en Éfeso luché contra las fieras? Si los muertos no resucitan, «comamos y bebamos, que mañana moriremos».

—1 Corintios 15.32

Pero Dios le dijo: «¡Necio! Esta misma noche te van a reclamar la vida. ¿Y quién se quedará con lo que has acumulado?»

—Lucas 12.20

No se angustien. Confíen en Dios, y confíen también en mí.

—Juan 14.1

Ahora bien, la fe es la garantía de lo que se espera, la certeza de lo que no se ve.

—Hebreos 11.1

Por la fe Abraham, cuando fue llamado para ir a un lugar que más tarde recibiría como herencia, obedeció y salió sin saber a dónde iba.

—Hebreos 11.8

Hasta entonces

Por la fe Abraham, a pesar de su avanzada edad y de que Sara misma era estéril, recibió fuerza para tener hijos, porque consideró fiel al que le había hecho la promesa.

—Hebreos 11.11

Por la fe Abraham, que había recibido las promesas, fue puesto a prueba y ofreció a Isaac, su hijo único, a pesar de que Dios le había dicho: «Tu descendencia se establecerá por medio de Isaac.» Consideraba Abraham que Dios tiene poder hasta para resucitar a los muertos, y así, en sentido figurado, recobró a Isaac de entre los muertos.

—Hebreos 11.17-19

Todos ellos vivieron por la fe, y murieron sin haber recibido las cosas prometidas; más bien, las reconocieron a lo lejos, y confesaron que eran extranjeros y peregrinos en la tierra. Al expresarse así, claramente dieron a entender que andaban en busca de una patria. Si hubieran estado pensando en aquella patria de donde habían emigrado, habrían tenido oportunidad de regresar a ella. Antes bien, anhelaban una patria mejor, es decir, la celestial. Por lo tanto, Dios no se avergonzó de ser llamado su Dios, y les preparó una ciudad.

—Hebreos 11.13-16

Porque esperaba la ciudad de cimientos sólidos, de la cual Dios es arquitecto y constructor.

—Hebreos 11.10

Hermanos, no queremos que ignoren lo que va a pasar con los que ya han muerto, para que no se entristezcan como esos otros que no tienen esperanza. ¿Acaso no creemos que Jesús murió y resucitó? Así también Dios resucitará con Jesús a los que han muerto en unión con él. Conforme a lo dicho por el Señor, afirmamos que nosotros, los que estemos vivos y hayamos quedado hasta la venida del Señor, de ninguna manera nos adelantaremos a los que hayan muerto. El Señor mismo descenderá del cielo con voz de mando, con voz de arcángel y con trompeta de Dios, y los muertos en Cristo resucitarán primero. Luego los que estemos vivos, los que hayamos quedado, seremos arrebatados junto con ellos en las nubes para encontrarnos con el Señor en el aire. Y así estaremos con el Señor para siempre. Por lo tanto, anímense unos a otros con estas palabras.

—1 Tesalonicenses 4.13-18

Por tanto, no nos desanimamos. Al contrario, aunque por fuera nos vamos desgastando, por dentro nos vamos renovando día tras día. Pues los sufrimientos ligeros y efímeros que ahora padecemos producen una gloria eterna que vale muchísimo más que todo sufrimiento. Así que no nos fijamos en lo visible sino en lo invisible, ya que lo que se ve es pasajero, mientras que lo que no se ve es eterno.

—2 Corintios 4.16-18

Pero cuando venga el Espíritu Santo sobre ustedes, recibirán poder y serán mis testigos tanto en Jerusalén como en toda Judea y Samaria, y hasta los confines de la tierra.

—Hechos 1.8

El que da testimonio de estas cosas, dice. «Sí, vengo pronto.»
Amén. ¡Ven, Señor Jesús!

—Apocalipsis 22.20

Hasta entonces

Preguntas y respuestas sobre la vida presente

Miren que no menosprecien a uno de estos pequeños. Porque les digo que en el cielo los ángeles de ellos contemplan siempre el rostro de mi Padre celestial.

—Mateo 18.10

¿No son todos los ángeles espíritus dedicados al servicio divino, enviados para ayudar a los que han de heredar la salvación?

—Hebreos 1.14

Cantaban con todas sus fuerzas:
> «¡Digno es el Cordero, que ha sido sacrificado,
> de recibir el poder,
> la riqueza y la sabiduría,
> la fortaleza y la honra,
> la gloria y la alabanza!»

—Apocalipsis 5.12

Luego miré, y oí la voz de muchos ángeles que estaban alrededor del trono, de los seres vivientes y de los ancianos. El número de ellos era millares de millares y millones de millones.

—Apocalipsis 5.11

¿Crees que no puedo acudir a mi Padre, y al instante pondría a mi disposición más de doce batallones de ángeles?

—Mateo 26.53

Luego el Espíritu llevó a Jesús al desierto para que el diablo lo sometiera a tentación. Después de ayunar cuarenta días y cuarenta noches, tuvo hambre. El tentador se le acercó y le propuso:

—Si eres el Hijo de Dios, ordena a estas piedras que se conviertan en pan.

Jesús le respondió:

—Escrito está: "No sólo de pan vive el hombre, sino de toda palabra que sale de la boca de Dios."

Luego el diablo lo llevó a la ciudad santa e hizo que se pusiera de pie sobre la parte más alta del templo, y le dijo:

—Si eres el Hijo de Dios, tírate abajo. Porque escrito está.

"Ordenará que sus ángeles te sostengan en sus manos, para que no tropieces con piedra alguna."

—También está escrito: "No pongas a prueba al Señor tu Dios" —le contestó Jesús.

De nuevo lo tentó el diablo, llevándolo a una montaña muy alta, y le mostró todos los reinos del mundo y su esplendor.

—Todo esto te daré si te postras y me adoras.

—¡Vete, Satanás! —le dijo Jesús—. Porque escrito está: "Adora al Señor tu Dios y sírvele solamente a él."

Entonces el diablo lo dejó, y unos ángeles acudieron a servirle.

—Mateo 4.1-11

Entonces se le apareció un ángel del cielo para fortalecerlo.

—Lucas 22.43

Mi Dios envió a su ángel y les cerró la boca a los leones. No me han hecho ningún daño, porque Dios bien sabe que soy inocente. ¡Tampoco he cometido nada malo contra Su Majestad!

—Daniel 6.22

Practiquen el dominio propio y manténganse alerta. Su enemigo el diablo ronda como león rugiente, buscando a quién devorar. Resístanlo, manteniéndose firmes en la fe, sabiendo que sus hermanos en todo el mundo están soportando la misma clase de sufrimientos.

—1 Pedro 5.8-9

Porque nuestra lucha no es contra seres humanos, sino contra poderes, contra autoridades, contra potestades que dominan este mundo de tinieblas, contra fuerzas espirituales malignas en las regiones celestiales.

—Efesios 6.12

Porque él ordenará que sus ángeles te cuiden en todos tus caminos.

—Salmos 91.11

Resulta que murió el mendigo, y los ángeles se lo llevaron para que estuviera al lado de Abraham. También murió el rico, y lo sepultaron.

—Lucas 16.22

> Te ganarás el pan
>   con el sudor de tu frente,
> hasta que vuelvas a la misma tierra
>   de la cual fuiste sacado.
> Porque polvo eres,
>   y al polvo volverás.

—Génesis 3.19

Así dice el Señor:
«Los delitos de Moab han llegado a su colmo;
    por tanto, no revocaré su castigo:

Porque quemaron los huesos del rey de Edom hasta reducirlos a ceniza.»

—Amós 2.1

El que da testimonio de estas cosas, dice. «Sí, vengo pronto.»

—Apocalipsis 22.20

Pero en cuanto al día y la hora, nadie lo sabe, ni siquiera los ángeles en el cielo, ni el Hijo, sino sólo el Padre.

—Mateo 24.36

Pero no olviden, queridos hermanos, que para el Señor un día es como mil años, y mil años como un día. El Señor no tarda en cumplir su promesa, según entienden algunos la tardanza. Más bien, él tiene paciencia con ustedes, porque no quiere que nadie perezca sino que todos se arrepientan.

—2 Pedro 3.8-9

Y este evangelio del reino se predicará en todo el mundo como testimonio a todas las naciones, y entonces vendrá el fin.

—Mateo 24.14

Entonces quitaron la piedra. Jesús, alzando la vista, dijo:

—Padre, te doy gracias porque me has escuchado. Ya sabía yo que siempre me escuchas, pero lo dije por la gente que está aquí presente, para que crean que tú me enviaste.

—Juan 11.41-42

Pero Esteban, lleno del Espíritu Santo, fijó la mirada en el cielo y vio la gloria de Dios, y a Jesús de pie a la derecha de Dios.

—¡Veo el cielo abierto —exclamó—, y al Hijo del hombre de pie a la derecha de Dios!

—Hechos 7.55-56

Conozco a un seguidor de Cristo que hace catorce años fue llevado al tercer cielo (no sé si en el cuerpo o fuera del cuerpo; Dios lo sabe). Y sé que este hombre (no sé si en el cuerpo o aparte del cuerpo; Dios lo sabe) fue llevado al paraíso y escuchó cosas indecibles que a los humanos no se nos permite expresar.

—2 Corintios 12.2-4

El que descendió es el mismo que ascendió por encima de todos los cielos, para llenarlo todo.

—Efesios 4.10

«Pero Abraham le contestó: "Ya tienen a Moisés y a los profetas; ¡que les hagan caso a ellos!"... Le dijo: "Si no les hacen caso a Moisés y a los profetas, tampoco se convencerán aunque alguien se levante de entre los muertos."»

—Lucas 16.29, 31

Notas

Introducción

1. Roger E. Olson, *The Mosaic of Christian Belief: Twenty Centuries of Unity and Diversity* (Downers Grove, IL: IVP, 2002), p. 330.

Capítulo 1: ¿Es suficiente con Jesús?

1. Gennie Coe, «Jesus IS Life», *Journey to the Hills* (blog), 16 junio 2016, https://journeytothehills.com//?s=Jesus+is+enough&search=Go.

Capítulo 2: ¿Qué me sucederá si muero sin Cristo?

1. "Death Cafe Worldwide Map", Death Café, consultado 31 agosto 2016, http://deathcafe.com/map/.
2. Larry Copeland, "Life Expectancy in the USA Hits a Record High," *USA Today*, 8 octubre 2014, http://www.usatoday.com/story/news/nation/2014/10/08/us-life-expectancy-hits-record-high/16874039/.
3. Walter A. Elwell, ed., *Diccionario teológico de la Biblia* (Nashville: Caribe, 2005), p. 375.
4. C. S. Lewis, *El problema del dolor*, ed. Kindle (Nueva York: Rayo, 2006), loc. 1602.

Capítulo 3: ¿Qué me sucederá si muero con Cristo?

1. Woody Allen, citado de Joanne Laucius, "Death Wishes. What We Want versus What We Get", *Ottawa Citizen*, 10

febrero 2015, http.//ottawacitizen.com/news/local-news/death-wishes-what-we-want-versus-what-we-get.
2. A partir de mi estudio del uso que tiene la palabra *paraíso*, parece más coherente decir que es la residencia o «morada» de los justos. El huerto del Edén, Génesis 2.8-10 era el paraíso, o lugar de felicidad, para Adán y Eva. En Lucas 23.43 Jesús menciona el paraíso como el lugar donde moran los justos que han muerto o una parte del Hades destinada a los justos que han muerto. Esto concordaba con las creencias judías (*The Zondervan Pictorial Encyclopedia of the Bible*, ed. rev., v. p. "paradise"). Al resucitar Jesús, el paraíso o morada de los justos que habían muerto fue llevado al lugar donde se halla la presencia de Dios, en el cielo. Al regresar Jesús para establecer la tierra nueva, el huerto edénico situado en el centro de la ciudad de Jerusalén, en el que habita el árbol de la vida, se le llama «el paraíso de Dios» (Apocalipsis 2.7).
3. Kenny Chesney, «Everybody Wants to Go to Heaven» (coautor con los Wailer) en *Lucky Old Sun*, Blue Chair Records y BMG Music, 2008.
4. The National Institute of Mental Health. «Fear/Phobia Statistics», investigación estadística del cerebro llevada a cabo el 27 de abril de 2015, http.//www.statisticbrain.com/fear-phobia-statistics/.

Preguntas y respuestas sobre la vida intermedia

1. *The Merriam-Webster Dictionary*, new edition, v. p. «ghost».
2. J. Carl Laney, «Ghost, Demon, or Hallucination. Did Samuel Return from the Dead?». Blog *Transformed*, Western Seminary, 27 junio 2014, https.//www.westernseminary.edu/transformedblog/2014/06/27/ghost-demon-or-hallucination-did-samuel-return-from-the-dead/.
3. Una superstición popular en el mundo judío sostenía que la

aparición de espíritus durante la noche traía consigo un desastre. El terror de los discípulos fue provocado por lo que es posible que pensaran que era un espíritu de las aguas. *Biblia de Estudio NVI* (Miami: Vida, 2002), p. 1580.
4. http.//www.kingjamesbibleonline.org/Apocrypha-Books/ and http.//www.bible-researcher.com/canon2.html.
5. Walter A. Elwell, ed., *Evangelical Dictionary of Theology* (Grand Rapids: Baker, 1984), p. 897.
6. Ver los videoclips en «Clarence, Angel Second Class, From "It's a Wonderful Life"», video de YouTube, 1.54, publicado por Clarence Cromwell, 19 enero 2014, https.//www.youtube.com/watch?v=v2ZZUu2HUuo.

Capítulo 4: ¿Qué sucederá si aún no he conocido a Cristo cuando vuelva?

1. Ver John Grisham, *Proyecto Williamson* (Barcelona: Ediciones b, 2006); Jim Dwyer, «Ronald Williamson, Freed from Death Row, Dies at 51», *New York Times*, 9 de diciembre de 2004, http.//www.nytimes.com/2004/12/09/us/ronald-williamson-freed-from-death-row-dies-at-51.html.
2. Para más información, ver el video de Glenn Peoples sobre *Rethinking Hell*. http.//www.rethinkinghell.com/2012/11/deprived-of-continuance-irenaeus-the-conditionalist/.
3. «Padres de la Iglesia que eran condicionalistas», https.//www.youtube.com/watch?v=je3AW6QeXzk.
4. Peoples, *Rethinking Hell*.
5. La aniquilación o inmortalidad condicional, creencia según la cual la vida eterna o inmortalidad está condicionada a la aceptación del perdón de los pecados ofrecido por Cristo.

6. Roger E. Olson, *The Mosaic of Christian Belief: Twenty Centuries of Unity and Diversity* (Downer's Grove, IL: IVP, 2002), pp. 321, 328.

Capítulo 5: ¿Qué sucederá si ya conozco a Cristo cuando vuelva?

1. Olson, *The Mosaic of Christian Belief*, p. 314.
2. The National Institute of Mental Health. «Fear/Phobia Statistics», investigación estadística del cerebro llevada a cabo el 27 de abril de 2015, http.//www.statisticbrain.com/fear-phobia-statistics/.
3. Ver «The Jetsons (tema musical)», video de YouTube, 58, tema musical de la 3ª temporada, publicado por Warner Archive, 19 diciembre 2014, https.//www.youtube.com/watch?v=tTq6Tofmo7E.
4. Ron Rhodes, *The Wonder of Heaven* (Eugene, OR: Harvest House, 2009), p. 122.
5. D. A. Carson, *The Gospel According to John* (Grand Rapids: Eerdmans, 1991), p. 489.

Preguntas y respuestas sobre la vida presente

1. Ver Tomás de Aquino, *Suma Teológica*, suplemento, cuestión LXXXI, art. 1.

Capítulo 6: Hasta entonces

1. Ver J. I. Packer, *Never Beyond Hope. How God Touches and Uses Imperfect People* (Downers Grove: IVP, 2005).
2. Ver Randy Frazee, *The Christian Life Profile Assessment Tool Workbook. Discovering the Quality of Your Relationships* (Grand Rapids: Zondervan, 2005).
3. Ver negrospirituals.com, consultado el 7 septiembre 2016, http.//www.negrospirituals.com/index.html.

Acerca del autor

Randy Frazee consagró su vida al pastorado a la edad de quince años, cuando conoció a Rozanne, su ahora esposa. Ha servido en tres iglesias a lo largo de los últimos treinta años. En la actualidad es el pastor principal de la congregación Oak Hills Church, en San Antonio, Texas. Además, es el arquitecto de la apasionante campaña de compromiso con la iglesia llamada La Historia y editor general de la campaña de compromiso Creer. Es también autor de *El corazón de la historia*; *Pensar, actuar, ser como Jesús*; *Creer*; y *Haga un espacio para la vida*. Randy ama profundamente a sus cuatro hijos ya mayores, a los cónyuges de ellos y a sus dos nietos. Toca el banjo, le encanta el golf y disfruta pasar tiempo con su familia y sus amigos. Rozanne, su esposa, es su mejor amiga de siempre.

www.ingramcontent.com/pod-product-compliance
Lightning Source LLC
Chambersburg PA
CBHW011343090426
42743CB00019B/3427